(SIMONE)
le média pop
et engagé

MON CORPS (SANS PRESSION)

Pour vous libérer
des injonctions et
kiffer votre corps !

PAR
GALA AVANZI

W0390347

SOLAR

(S)TORY

Si je vous dis que des complexes sur mon corps, j'en ai eu toute ma vie ou presque, ça vous parle? Surtout depuis que je suis ado, cette période pendant laquelle on subit des changements à peu près toutes les cinq minutes et où on a l'impression que tous les regards sont braqués sur nous. L'adolescence, c'est aussi le moment où on se rend compte, en tant que femme, qu'on est sexualisées et que notre corps a des comptes à rendre. Il faut plaire – mais pas trop, pas à n'importe qui, faudrait pas non plus passer pour une aguicheuse. En tant que gamine hétéro de 15 ans, mon seul but, c'était de plaire aux mecs du collège. Mais ça ne marchait pas vraiment: j'étais grande et maigre, avec des boutons et des oreilles légèrement décollées. J'avais quelques atouts, mais on ne va pas se mentir, je ne correspondais absolument pas aux canons de beauté. Il fallait avoir des seins, les miens ont bien tardé à pousser et leur croissance s'est très vite arrêtée. Il fallait avoir une peau immaculée, la mienne était catastrophique, j'avais des boutons sur le visage, dans le dos et sur le décolleté. Et puis je ne voulais surtout pas qu'on voie mes oreilles, alors je portais des bandeaux ou j'avais tout le temps les cheveux devant le visage. Ce qui ne me dérangeait pas: c'était aussi bien qu'on ne me voie pas dans cet état-là. Quand j'y repense, quelle époque! J'étais tellement mal dans ma peau, c'était un enfer. Je me revois faire des masques d'argile et, me regardant dans le miroir, me dire que je serais tellement belle sans tous ces boutons – dans ces moments, l'argile couvrait toutes mes « imperfections »... Je me trouvais plus jolie avec de l'argile sur la tronche que sans. C'est violent.

J'avais cette sensation que mes complexes, et notamment mon acné, étaient responsables de tous mes problèmes, et que le jour où je n'aurais plus de boutons, je pourrais enfin être heureuse. Parce qu'alors je serais jolie, et peut-être même que je plairais à des mecs. Les études? Trouver un travail qui me plaise? Avoir une vie sociale bien remplie avec des ami·e·s qui m'aiment? Tout ça passait après. Le plus important, c'était mon physique, mon visage, mon corps. Quand j'y repense aujourd'hui, je me dis: « Mais quel gâchis ! » Toutes ces heures à pleurer devant le miroir, à insulter mon corps, toutes ces expériences dont je n'ai aucun souvenir parce que je ne voulais jamais apparaître sur aucune photo...

Je ne ressens plus tout ça aujourd'hui. Je n'ai plus autant d'acné, il faut dire. Pourtant, tous mes problèmes sont loin de s'être envolés. J'étais dans le faux ! Parce qu'on a vite tendance à déplacer nos complexes. Quand j'ai arrêté de m'en faire pour mes boutons, mon attention s'est portée sur mes seins et sur ma maigreur. Je haïssais tout de mon corps, de ce sac d'os que je me trimbalais partout. « Mange », on me disait ! « Mais c'est ce que je fais ! » J'étais partagée: d'un côté, les mannequins étaient aussi maigres que moi, et c'était ce que je voyais dans les magazines, donc ça semblait cool, mais d'un autre, dans la vie, la vraie, on n'arrêtait pas de me faire des réflexions. On me traitait d'anorexique dès qu'on en avait l'occasion. Ce qui, au passage, est complètement stupide: heureusement que je ne l'étais pas, sinon je n'imagine même pas les dégâts psy.

Et puis, à un moment, assez tard finalement, vers 25 ans, j'en ai eu marre.

J'ai découvert la philosophie féministe et toute la pression qu'on met sur le corps des femmes. Et ç'a été une révélation: en fait, le problème, c'est pas moi ! C'est toutes ces injonctions à la beauté et ces diktats. Et ça suffit de me dire comment je dois être, à quoi je dois ressembler, pour qui ou pourquoi je dois faire ci ou ça. J'en ai eu ras le bol, la casquette et le cocotier, j'en ai eu ma claque, j'en avais gros sur la patate.

OK, c'est facile à dire, comme ça. Dans la vraie vie, tu ne te débarrasses pas de tes complexes en un claquement de doigts. Tu ne te dis pas : « Tiens, et si j'arrêtais de me prendre la tête pour ces conneries ? » et, ô magie, ça fonctionne ! Non, ça demande du temps, du travail sur soi, et c'est totalement inconstant. Encore aujourd'hui – et pour vous remettre dans le contexte, j'ai écrit tout un livre sur les seins pour déconstruire les injonctions qui pèsent sur la poitrine féminine –, il y a des jours où je suis fière de mes boobs et où je les trouve canon, des jours où je me fous totalement d'eux et d'autres où je les aime moins, où je les trouve moins beaux ou intéressants sexuellement parlant. Mais je ne me prends plus la tête comme avant, ça ne représente plus la même charge mentale – à chercher quoi porter pour les rendre plus beaux à regarder, par exemple – et, surtout, ce n'est plus la cause d'un profond mal-être. Je vis avec eux, parfois on est copains, parfois un peu moins. Et ça s'arrête là.

C'est difficile, de se détacher de tous ses complexes. En tant que femmes, on est sans cesse ramenées au fait qu'on a un corps et que celui-ci sert à plaire. Quand on cherche à s'en détacher, c'est une lutte incessante contre les fondements de notre société. C'est juste hyper-fatigant. Alors dans ce livre, mon but n'est pas de vous dire qu'il faut absolument que vous vous aimiez et que vous acceptiez chaque millimètre carré de votre corps. Oui, c'est cool si c'est le cas, mais on se détend si ça ne l'est pas ! Le but sera plutôt de comprendre d'où viennent nos complexes, de débusquer les mécanismes du body shaming et puis, surtout, que vous vous sentiez un peu moins seule avec vos complexes et votre corps soi-disant ingrat. On est tous·tes dans le même bateau, et ça fait du bien de s'en rendre compte. Je veux juste vous amener à souffler un peu, que vous arrêtiez de culpabiliser de ne pas être assez ceci ou trop cela, et que vous soyez, même si ce n'est qu'un tout petit peu, mieux dans votre corps, sans pression.

Chapitre 1

DIKTATS À TOUT-VA, DES COMPLEXES EN VEUX-TU EN VOILÀ

Ventre trop rond, plis et bourrelets, oreilles décollées, dents jaunes ou pas alignées, boutons sur le visage, sur le dos, sur les fesses, bras flasques, peau d'orange, cellulite et vergetures, cuisses deux fois plus larges que les genoux – à tendance cagneuse –, ongles rongés et abîmés, pieds carrés, culotte de cheval, veines apparentes, petits seins, très gros seins, double menton, grand nez, nez épaté, fesses plates, poils sur les bras, sur les mamelons, entre les seins, sur le ventre, les fesses ou le menton, cheveux frisés, blancs, gras, couverts de pellicules ou disséminés...

Rien d'original dans cette liste. Il y a un peu de tout ça dans tous les corps, parce que, n'est-ce pas, on n'est pas une statue modelée dans du marbre de Carrare. On a beau être d'accord là-dessus, 67 % des femmes disent être complexées par leur corps[1]. Près de deux femmes sur trois. « C'est d'autant plus fort chez les 25-34 ans », à raison de 82 %. Vous, moi, vos copines, vos mères, vos sœurs... En bref, toutes les femmes complexent sur leur corps.

Je récapitule : je n'ai énuméré que des traits physiques hyper-courants, mais qui sont autant de complexes archi-répandus, quand bien même, donc, on les retrouve chez moult êtres humains. Alors pourquoi ces caractéristiques d'une banalité consternante sont-elles devenues notre cauchemar ?

Le B.A.BA du complexe

Commençons par le commencement : c'est quoi, exactement, un complexe ? On en a tous·tes entendu parler, évidemment, mais je pense qu'il n'est pas déraisonnable de rappeler exactement de quoi il s'agit dans un bouquin sur le sujet. Les complexes désignent les caractéristiques physiques que l'on considère chez soi, de façon subjective, comme des défauts, auxquelles on prête beaucoup d'importance et qui nous inhibent. Selon le psychologue et psychothérapeute Mamadou Mbodji[2], les complexes sont « chez l'individu, une perception péjorative, ou encore un regard intérieur de dépréciation sur une ou des parties du corps. Il y a une souffrance qui va avec, dont l'intensité varie d'un individu à l'autre, mais surtout un sentiment de dévalorisation de soi, qui pourrait, à terme, impacter l'image ou l'estime de soi ». Je ne sais pas vous, mais moi, sa définition m'a semblé très intéressante, parce qu'elle rappelle que les complexes entraînent de la souffrance. C'est elle qui nous pousse notamment à faire des choses qui frisent parfois le ridicule – soyons honnêtes, on est entre nous, pas de chichis, qui n'a jamais rembourré son soutif ou s'est volontairement privée de piscine parce qu'elle n'était pas assez bien épilée? –, quand elles ne sont pas carrément dangereuses pour la santé – coucou, les régimes drastiques, on se retrouve page 66!

Ces complexes peuvent en effet devenir obsessionnels. On parle alors de dysmorphophobie. La dysmorphophobie, c'est quand on est très, très préoccupée par des détails physiques, des défauts très légers, voire inexistants. Lorsque, par exemple, on est complètement obnubilée par des bourrelets alors qu'en réalité, on a le ventre plus plat qu'une raie manta. Si les bourrelets sont imaginaires, en revanche, la souffrance que ces obsessions engendrent, elle, existe bel et bien, ainsi que la honte et la haine de soi qui vont avec. Généralement, les personnes qui souffrent de dysmorphophobie ont des mots très durs à l'encontre des parties de leur corps qu'elles détestent, les décrivant comme laides, hideuses ou même monstrueuses.

Dysmorphophobie ou non, les complexes, même moins préoccupants, peuvent avoir un impact négatif sur la santé mentale et impliquent bien souvent une perte de confiance et d'estime de soi. Ils représentent par ailleurs une énorme charge mentale: qu'il s'agisse de son ventre ou de ses oreilles, on va tout faire pour les cacher. Il va donc falloir réfléchir à comment se coiffer pour bien camoufler ce qui nous gêne, à comment s'habiller pour dissimuler ses bourrelets, à bien retenir sa respiration pour rentrer le ventre quand on se sait observée… Les complexes nous poussent ainsi à mettre en place des stratégies dignes de Jules César pour que personne ne puisse voir et juger ce qui nous fait honte. Parce que la honte, c'est un sentiment que l'on ressent bien trop souvent quand on complexe. Rendez-vous compte: j'ai entendu des gens dire qu'ils étaient ravis qu'on doive porter des masques à l'arrivée du Covid-19… Ils étaient soulagés de pouvoir se cacher derrière ces morceaux de tissus ou de plastique. Quand on en vient à prendre à ce point au pied de la lettre l'expression « pour vivre heureux, vivons cachés », c'est qu'il y a une vraie souffrance. Les complexes, c'est du lourd.

Paye ta stat'

Ah, les vacances, le soleil, la piscine, la plage... le pied total ? Mouais. C'est aussi le moment tant redouté de se mettre en maillot de bain devant tout le monde. Or, 61 % des Françaises reconnaissent se sentir mal à l'aise en maillot de bain et n'acceptent que de porter un maillot une pièce, révèle le sondage « Sommes-nous toutes complexées à la plage ? », mené par l'Ifop pour *Femme actuelle* en 2013. Seulement 32 % des femmes osent le deux-pièces, et le chiffre est drastiquement bas en ce qui concerne le string, 3 %, et le trikini, 4 %. Info bonus : le plus grand complexe à la plage pour 34 % des sondées, c'est « le petit bourrelet qui tombe sur la culotte[3] ».

Toutes complexées, par tout, tout le temps

Toutes les parties du corps sont touchées par les complexes. D'ailleurs, les filles, il semblerait qu'on soit plus complexées par notre corps que par notre visage ! C'est ce que j'ai lu dans un sondage mené par OpinionWay pour LALALAB[4]. La bonne nouvelle – il en faut bien quelques-unes ! –, c'est qu'on aime bien notre regard de braise, et même notre visage de manière générale – enfin, perso, c'est pas mon cas, mais il ne s'agit pas de moi. Mais ça se corse vraiment quand on commence à parler de nos corps : une Française sur trois déclare ne pas aimer sa morphologie – même constat en Allemagne et en Italie. Et si je vous dis que la zone qui est l'objet de tous les complexes chez les femmes, c'est le ventre, ça vous parle ? La moitié des Françaises, des Italiennes et des Allemandes n'aiment pas leur ventre. Il y a donc une chance sur deux pour que vous ayez acquiescé en lisant ces lignes. La deuxième bonne nouvelle, c'est donc que, non, vous n'êtes pas seule. Bienvenue au club...

Fun fact !

J'ai lu dans un article du *Telegraph* que, selon une étude menée par la marque de cosmétiques Soft & Gentle, le plus gros complexe des jeunes femmes au Royaume-Uni était la transpiration – pour 63 % des personnes interrogées. Elles choisiraient même leurs vêtements en fonction de ça, évitant ainsi les tops trop près du corps pour ne pas avoir d'auréoles[5].

Et si ce n'est pas votre ventre, alors ce sera une autre partie du corps. Car, oui, les complexes, on en a toutes ou presque ! Si, si. Je vais vous en donner la preuve par l'exemple. J'aime beaucoup Léna Mahfouf, que je trouve très inspirante, et j'écoute donc assidûment son podcast *Canapé Six Places*. Dans un épisode intitulé « Beauté complexe[6] », elle a reçu la mannequin française Constance Jablonski, une ancienne ange Victoria's Secret, dont je suis fan depuis des années. Cette dernière y confie avoir elle-même des complexes, notamment sur ses mollets qui sont « trop » musclés. Dans la mode française, elle appartient même à la catégorie « silhouette athlétique ». Je ne sais pas si vous avez déjà vu à quoi Constance Jablonski ressemble, mais « silhouette athlétique » n'est pas vraiment ce qui me vient à l'esprit quand je la vois. « Élancée », « fine », « mince », OK, mais « athlétique », non. Elle précise d'ailleurs que ça ferait bien marrer Laure Manaudou si elle apprenait ça. Au passage, sa carrière ne marche pas vraiment en France alors qu'elle a bien décollé aux États-Unis, les standards de beauté étant différents outre-Atlantique. Bref, si je vous raconte ça, c'est parce que ça aide à relativiser quand on sait que même une des femmes considérées comme étant l'une des plus belles au monde – en tout cas Victoria's Secret le pense, et moi aussi – a des complexes. Comment voulez-vous qu'on y échappe, nous, à notre échelle?

Conséquences complexes

Si je vous parle de ce podcast, c'est aussi pour une autre raison. Pour les mannequins comme Constance Jablonski, entretenir leur corps, le modeler pour correspondre aux canons de beauté, c'est leur boulot. Elles sont payées pour le faire travailler toute la journée, pour le maîtriser. Et c'est exactement là où je veux en venir maintenant : au contrôle du corps. Si ça nous obsède autant, c'est parce que, au fond de nous, on a un peu l'impression que si on contrôle son corps, on peut tout, ou presque, contrôler. Que le dompter, ça veut dire aussi maîtriser sa santé, donner et avoir l'illusion d'une jeunesse éternelle... Et surtout, dans l'inconscient collectif actuel, un corps mince, et donc – je me répète, mais c'est exprès – sous contrôle, c'est le reflet d'une réussite incontestable. Qui n'a jamais imaginé que tous ses problèmes s'envoleraient avec la disparition de son acné, des seins plus gros ou des cheveux plus épais ? Qui n'a jamais eu la sensation que [ce terrible complexe, choisissez le vôtre] était la pierre angulaire de tous les problèmes de sa vie ? Eve Ensler, l'autrice des *Monologues du vagin*, exprime parfaitement cette idée dans *Un corps parfait*[7] : « J'ai moi-même intégré l'idée que si mon ventre était plat, alors je deviendrais quelqu'un de bien, et je serais en sécurité. Protégée. Je serais acceptée, admirée, importante, aimée. » Si on sait se contrôler, si on fait tout bien, alors on est quelqu'un de bien. Avoir un corps parfait, c'est la clé pour avoir la vie parfaite et le bonheur ultime.

Spoiler alert : dompter ses complexes n'est pas la clé du paradis. Oui, ça peut momentanément aider à se sentir un peu mieux dans sa peau et donc à gagner quelques points d'estime de soi. Mais le drame du complexe, c'est que dès qu'on en supprime un, on réalise que c'était l'arbre qui cache la forêt. Les autres, qui nous semblaient jusqu'alors insignifiants, ne le sont finalement pas tant que ça. Et ça nous rattrape.

Lors de l'écriture de ce livre, je me suis entretenue avec Angèle, 33 ans, qui est complexée par ses dents tordues. Et ce que j'ai retenu de notre discussion, c'est à quel point sa honte peut être paralysante. Son complexe, elle y réfléchit en permanence, ça occupe son esprit quasi 24 heures sur 24 – sauf quand elle dort –, 7 jours sur 7. Ça lui gâche littéralement la vie. Elle n'a pas trop de souci avec son corps en général. Il y a des choses qu'elle n'aime pas, comme tout le monde, mais rien qui la fasse se sentir aussi mal que sa dentition, rien qu'elle veuille cacher à tout prix comme ses dents. Forcément, la bouche, on s'en sert beaucoup. Elle y pense donc quand elle parle et quand elle rit, en bref, elle essaie de ne jamais trop l'ouvrir. Le pire, pour elle (et pour bon nombre d'entre nous de manière générale, en

UN QUIZ PEOPLE POUR RELATIVISER UN PEU

Peut-on rire de tout ? Vous avez six heures. Allez, non, faites plutôt ce petit quiz et trouvez quelle est l'autrice de chaque citation. Le but de l'exercice ? Bien comprendre que, entre les complexes et la réalité, il y a un ravin, et, peut-être commencer à relativiser ce qui vous pourrit la vie. Ou sourire un peu, tout simplement.

1. Qui a dit : « Il y a beaucoup d'endroits où ma peau est flasque sur mon ventre et je n'ai absolument pas de fesses. J'ai peut-être l'air bien dans mon jean mais, nue, c'est vraiment affreux. » ?

A. Victoria Beckam / B. Vous / C. Sharon Stone

Réponse

Victoria Beckam. Donc on peut être une papesse de la mode, faire craquer un footballeur milliardaire, être une des femmes les plus connues de la planète et ne pas s'aimer.

Déduction 1

Est-ce que l'absence de fesses de Victoria Beckam fait d'elle une personne inférieure ? Je ne crois pas, non. On peut en déduire que nos fesses ne font pas notre valeur.

2. Qui a dit : « J'ai développé un complexe autour de mes yeux en lisant un blog où la personne écrivait : "Les yeux de [A, B ou C] sont minuscules." Ça a commencé à m'obséder. » ?

A. Votre cousine / B. Taylor Swift / C. Britney Spears

Réponse

Taylor Swift. Donc on peut avoir des yeux facétieux, d'un bleu à faire pâlir de jalousie les Caraïbes et se faire complètement retourner le cerveau par le premier venu, même quand on a une bonne dizaine de Grammy Awards.

Déduction 2

Tous les avis ne sont pas bons à prendre — et parfois, le nôtre n'est pas le bon non plus !

3. Qui a dit : « J'aimerais avoir des fesses plus rondes et un peu plus de chair sur les os. J'aimerais être plus voluptueuse. Mais je n'ai pas ce type de corps. » ?

A. Cameron Diaz / B. Kate Middleton / C. Mamie

Réponse

Cameron Diaz. Donc on peut être la meuf que tout le monde voudrait être — belle, drôle, sympa, intelligente — et regretter d'habiter un corps pourtant considéré comme parfait par la plupart des gens.

Déduction 3

Les mecs hétéros la veulent comme meuf, OK. Mais, surtout, les meufs la veulent comme BFF. Il suffit donc d'apprendre à s'aimer comme on aime sa BFF pour devenir Cameron Diaz. Logique, non ? Imparable.

matière de complexes), c'est quand les gens autour d'elle prennent des photos. Si c'est à un moment où elle se marre, ça la met profondément mal à l'aise et elle va immédiatement arrêter de rire. Et si par mégarde une photo a été prise d'elle et qu'on peut y deviner ses dents, ça la déprime au plus haut point. Ça lui gâche la vie parce que c'est devenu obsessionnel. Au point qu'elle n'arrive même plus à profiter pleinement des moments avec ses proches. D'une nature assez timide et réservée, Angèle est encore plus inhibée à cause de ce problème de dents. Son complexe a donc un impact énorme sur ses interactions sociales et influe sur sa personnalité, accentuant certains de ses traits de caractère.

Elle m'a expliqué que ça avait aussi eu des conséquences sur ses relations amoureuses. En bonne complexée, elle avait peur d'être jugée et de ce que les personnes allaient penser d'elle. Elle ne se sentait pas jolie, moins bien que les autres – elle se comparait beaucoup aux autres femmes, un classique. Elle ne se sentait donc pas légitime à être avec quelqu'un alors que, à côté, il y avait d'autres meufs beaucoup plus jolies qu'elle – je reprends ses mots –, c'est-à-dire avec une plus belle dentition. Heureusement, elle réussit à être elle-même avec son mari, alors elle se sent plus légitime aujourd'hui. Elle sait qu'il s'en fiche, et ça lui fait beaucoup de bien de savoir que, pour lui, ce n'est pas si important que ça.

Les complexes s'immisçant jusque dans notre vie amoureuse, la suite ne va pas vous surprendre : ils peuvent avoir un impact sur notre vie sexuelle... C'est ce qu'explique notamment la sexologue Catherine Solano[8] : puisqu'un complexe entraîne la « peur de ne pas être aimée » et d'être rejetée, il peut devenir handicapant dans la sexualité. Alors, elle relativise, heureusement : on peut être complexée et en couple, faire des rencontres et dater, mais ça peut nous brider, parce qu'on va avoir tendance à vouloir « se cacher » pour ne pas que notre partenaire voie nos terribles défauts.

Alors si vous n'êtes pas 100 % à l'aise avec votre physique et que vous préférez faire l'amour dans le noir, par exemple, ou encore bien à l'abri sous la couette, c'est normal, et vous êtes loin d'être la seule ! On peut y remédier, ça se travaille. Mais ça prend un peu de temps et il faut bien garder à l'esprit qu'on ne peut pas être tous les jours au top. Ça a l'air complètement bateau mais, franchement, je crois que c'est important de l'avoir en tête : pour se sentir bien dans l'intimité, bien s'entourer, c'est primordial. Difficile d'avoir confiance en soi si l'autre nous impose ses préférences sans prendre en compte nos inhibitions, par exemple, ou nous renvoie, consciemment ou non, nos complexes à la figure en permanence. Communication et bienveillance, voilà la clé. Se sentir suffisamment à l'aise pour oser dire ce que l'on ressent sans craindre que l'autre se moque de nous ou parte en courant, c'est une bonne base.

La créatrice de contenu Laëtitia connue sous le pseudonyme Eleusis&Mégara – elle reviendra page 38 –, par exemple, m'a raconté que son ex la cassait tout le temps sur son physique. Elle complexait alors énormément. Au contraire, son nouveau compagnon l'a aidée à appréhender son corps différemment, notamment parce qu'il a lui-même un rapport à son corps très sain. Elle m'a aussi confié qu'elle aimerait bien dire qu'elle n'a pas besoin de la validation d'autrui pour s'aimer et s'accepter… Or, cette validation, sans aller forcément jusqu'à dire qu'on en a « besoin » – de même que les complexes ne nous préoccupent pas toutes au même degré, cette caution extérieure ne nous affecte pas toutes de la même manière –, joue un grand rôle dans la confiance en soi…

Et si on revoyait le concept de la confiance en soi ?

Voilà des années que les livres de développement personnel tentent de nous expliquer comment avoir confiance en soi. Je vous la fais courte : vous êtes responsable de vous-même, la confiance en soi, il faut donc aller la chercher au plus profond… de soi. Toute seule, avec ses propres moyens, sa petite pioche et son gros courage. Moralité, si ça ne fonctionne pas, si vous avez beau creuser mais que vous ne la trouvez pas, eh bien, c'est de votre faute. Vous pouvez maintenant culpabiliser gentiment, merci d'être passée.

Ou alors, vous pouvez essayer de vous débarrasser de cette idée absurde et souffler un peu. Je m'explique. Il existe de nombreuses sources de confiance en soi – quatorze, si l'on en croit la plus vaste étude jamais réalisée sur le sujet et concentrée sur les femmes exclusivement[9] –, auxquelles on va toutes réagir différemment, en fonction de notre personnalité,

ÉTATS DES LIEUX POUR QUITTER SES COMPLEXES DANS LES RÈGLES

Bon, et vous, dans tout ça? La première étape pour essayer de dépasser ses complexes, c'est de les connaître et d'en prendre la mesure.

- **Faites ci-dessous la liste de tout ce qui vous complexe physiquement.**
- **Donnez à chaque élément une note sur 10, qui évalue à quel point ce complexe est fort, c'est-à-dire combien il vous gâche la vie.**
- **À côté de chaque complexe, notez maintenant tout ce qu'il implique dans votre vie de tous les jours, ce que vous faites au quotidien pour cacher le défaut qui en est la cause.**

Le simple fait de coucher tout ça sur le papier va vous aider: formuler les complexes permet de prendre du recul ou, peut-être, de provoquer un déclic. Je m'y colle et je vous montre un exemple avec quelques-uns de mes complexes:

Mes dents:
9/10

Comme Angèle, mes dents ont été un gros problème pendant plus de dix ans. Un complexe impossible à surmonter sans aide esthétique.

Ma poitrine:
9/10

C'est quelque chose que je détestais chez moi, parce que mes seins étaient toujours trop petits. J'achetais mes vêtements en fonction, c'est-à-dire que si j'étais trop plate dedans, même si j'adorais un top, je passais mon chemin. Et puis je portais des push-up en permanence pour les rendre plus gros, même si c'était très inconfortable.

YES
SHE CAN

À vous !

....

....

....

....

....

....

....

....

....

Une fois que vous avez fait l'état des lieux de vos complexes, on passe au positif ! Faites une liste de toutes les caractéristiques physiques que vous aimez chez vous, de la couleur de vos cheveux — je kiffe la mienne — à de mignonnes petites fossettes. Idéalement, notez-en au moins autant, si ce n'est plus que de complexes… Et si vous n'arrivez pas à en trouver, demandez à des personnes de confiance — puisqu'on ne peut pas échapper au regard des autres, autant le mettre à profit pour se sentir mieux !
Quand vous vous sentez mal, essayez de détourner votre attention de vos complexes en relisant cette liste, pour vous recentrer sur les choses que vous appréciez chez vous.

de l'heure de la journée, des étapes de notre vie… Or, il y en a une, capitale selon moi, inhérente à notre condition d'être humain, dont on ne peut faire abstraction : le collectif. Car il faut bien garder en tête que les êtres humains sont des êtres sociaux, qui évoluent dans une société régie par des normes, aussi ridicules ou stupides soient-elles. Or, quand on répond à ses standards, on se sent incluse, à sa place. En cela, la confiance en soi résulte d'un phénomène qui dépasse notre petite personne : l'adhésion à des normes définies par la société, telles que les choix de vêtements ou du maquillage, nous donne le sentiment d'être validée, approuvée. A contrario, lorsqu'on ne répond pas à ces normes et à ces standards, on se sent marginale. Le collectif façonne donc notre confiance en nous.

Attention, ne me faites pas dire ce que je n'ai pas dit et entendons-nous bien, arrêter de complexer, c'est possible malgré tout – c'est quand même l'objet du merveilleux bouquin que vous tenez entre vos mains. Si je vous dis tout ça, c'est pour vous prouver que vous n'avez pas à culpabiliser d'être complexée, que vous n'êtes pas responsable de ce mal-être.

Alors, on est d'accord, ce sont les normes et les idéaux de beauté totalement arbitraires et violents qu'on devrait avant tout revoir et changer, c'est-à-dire qu'il faut que l'on arrête de prôner une beauté unique et qu'on commence à la voir de façon plurielle. Mais comme ce n'est pas près d'arriver, en attendant, le mieux, pour nous, c'est sans doute de relativiser, d'essayer de nous affranchir des diktats pour nous libérer de nos complexes… Mais, donc, sans culpabiliser si on n'y parvient pas, parce que la responsabilité de ces complexes ne nous incombe pas, que ce soit bien clair.

YES SHE CAN

LES LIMITES QU'ON NE SE METTRA PLUS (DÉFONCEZ-LES !)

Voici un exercice intéressant pour réaliser à quel point nos complexes nous handicapent au quotidien et quelle place ils prennent dans notre vie. Quelques exemples :

Porter le maillot qu'on veut

On n'ose pas porter de bikini et on n'arbore que des monokinis parce qu'on ne veut pas paraître imparfaite avec notre ventre ramollo.

Aller à la plage ou à la piscine

On a peur de recevoir des remarques et que les gens croient qu'on est négligée si on n'est pas épilée.

À vous !

Listez ce que vous vous empêchez de faire à cause de vos complexes, notez ensuite pourquoi vous n'osez pas le faire et précisez ce dont vous avez peur.

....

....

Dans 95 % des cas, vous remarquerez que ce qui vous fait peur, c'est le regard des autres. Vous n'êtes donc fautive en rien. Et lorsqu'on est sûre d'être dans son bon droit, il est plus facile de se détacher du regard des autres.

Presse féminine, publicité… Bonjour l'ambiance !

« Les réflexes à adopter
pour contrer les imperfections du visage. »

« Le régime pomme : comment
se débarrasser de ce petit ventre ingrat ? »

« Pourquoi on paraît plus grosse
en vidéo et comment y remédier ? »

Ces trois petites phrases sont fictives, mais largement inspirées de titres d'articles réels. Je n'ai même pas eu besoin de caricaturer quoi que ce soit – la preuve, le régime pomme existe bel et bien. Bref, rendez-vous chez votre buraliste préféré et parcourez un peu les unes de la presse féminine. Que nous disent-elles ? Qu'il y a un problème, et qu'il faut y remédier. Vous alliez sortir de chez vous comme ça, avec votre ride du lion et votre bouton ? Wow, je vous arrête tout de suite. Enfin, la presse féminine vous arrête tout de suite… Eh oui, car après avoir lu tout ça, difficile de ne pas ressentir que l'on doit « faire quelque chose », qu'on a *forcément* quelque chose à corriger. C'est magique : vous n'avez pas de problème ? Pas de panique ! En voici un (euh… merci ?), et maintenant, venez vite découvrir notre solution (ouf !). Et voici comment naissent les complexes.

C'est simple, à force d'entendre en permanence que l'on doit améliorer son physique, qu'il n'est pas assez comme ci ou trop comme ça, qu'il faut à tout prix cacher ce qui est considéré par un défaut, on y croit. Bien sûr, la presse féminine n'est pas la seule responsable de ce processus, elle n'est qu'un exemple sur lequel je m'appuie pour mettre en lumière un mécanisme. Ce conditionnement vient de partout, et nous y reviendrons – non, tu ne t'en tireras pas comme ça, le patriarcat, rendez-vous page 30. En somme, les femmes ne se sont pas réveillées un matin en se disant « j'ai un gros ventre ». Non, c'est leur environnement qui leur dicte que leur corps n'est pas la hauteur des attentes. Les vêtements qui s'arrêtent à la taille 44

GANG DE (SIMONE)

« À la base je n'avais pas vraiment d'objectif lorsque j'ai voulu poser nue pour mon amie, qui est illustratrice, mais j'ai toujours trouvé ça fascinant et intrigant. J'étais plus pressée et excitée qu'inquiète. Mais le moment venu, j'ai eu une grosse montée de stress en mode : "Ça y est, je vais me mettre à poil, mais pourquoi je fais ça ?" J'avais beau avoir une confiance totale en ma copine, je me suis sentie un peu "bête".

Mais elle m'a très vite mise à l'aise. Elle a regardé mon corps sans le scruter non plus, comme d'habitude, en fait. Son regard était totalement le même, avec ou sans vêtements. J'avais peur qu'elle fixe les parties intimes de mon corps, mais pas du tout. C'était plutôt un regard global, totalement bienveillant et doux, alors mes barrières sont vite tombées.

Ça m'a apporté de la confiance en moi. J'ai pris conscience que mon corps était le même, qu'il soit recouvert de vêtements ou pas.

Quand je me suis regardée sur les dessins, je me suis tout de suite reconnue. Or, je ne pensais pas être "reconnaissable". Sans croire que j'étais insignifiante, je n'avais pas l'impression d'avoir de signe distinctif, alors c'était marrant de découvrir qu'on me reconnaissait bien sur un dessin. On porte un autre regard sur soi, quand on est dessiné. On a l'habitude d'être pris en photo, mais pas de devenir une illustration ! La projection de mon corps sur un support artistique m'a donné une nouvelle perspective en matière d'estime de soi. Et je suis fière de pouvoir dire que j'ai été capable de le faire et que quelqu'un a pu créer quelque chose à partir de mon corps nu. Il y a peut-être un côté narcissique dans tout ça, mais j'assume ! »

Camille, 27 ans

parce qu'il ne faut pas être trop grosse, les push-up parce que nos seins sont trop petits, le maquillage qui nous rappelle qu'on est trop moches pour sortir de chez nous sans en porter, les publicités qui véhiculent une image du corps parfait et qui nous vendent tout un tas de pseudo-solutions pour y ressembler – 82% des femmes seraient complexées à cause de la pub[10]. Ce sont des milliers d'informations diffuses qui constituent une vraie toile d'injonctions, des plus évidentes aux plus sournoises, et qui nous font complexer.

Les canons de beauté, une question d'époque

Si l'on nous rabâche que le corps des femmes est imparfait, c'est parce qu'il existe depuis toujours un mythe du corps idéal – je rappelle que « idéal », à la base, ça veut dire « qui n'existe que dans la pensée et non dans le réel », c'est le *Petit Larousse* qui le dit, et moi, je dis ça, je dis rien. Malheureusement pour nous, ce corps sans défaut n'est pas une valeur absolue – ce serait trop simple –, mais une perfection relative, qui ne cesse d'évoluer au gré des canons de beauté. Car, s'ils ont toujours existé, leurs critères diffèrent selon les époques. Focus sur les différents standards de beauté et leur évolution à travers le monde et l'histoire !

LE PETIT MOT DE MAMIE

Pour moi, tu seras toujours la plus belle, ma chérie !

Les petites statuettes préhistoriques que l'on a retrouvées, à l'instar de la Vénus de Willendorf, nous montrent que l'on glorifiait alors les corps féminins aux formes proéminentes, gros seins, gros ventres, grosses fesses... Dans la Grèce antique, la carrure des femmes était proche de celle des hommes, comme en témoigne la Vénus de Milo. C'est à ce moment qu'on voit apparaître la notion de jeunesse éternelle. Sous la dynastie des Han, vers le Ier siècle apr. J.-C., en Chine, on fait l'apologie de la taille fine, de la peau pâle mais aussi des petits pieds... Les premiers cas de pieds bandés ont été recensés à cette époque et, pendant le millénaire qui a suivi, les pieds des femmes ont ainsi été mutilés à coups de bandages, leur taille ne devant parfois pas même excéder 7,5 cm[11] !

Pendant la Renaissance, la peau doit là encore être très pâle, les cheveux longs et ondulés. Les hanches, quant à elles, sont voulues très larges. À l'époque victorienne, au XIXe siècle, on a un penchant pour la peau livide, les lèvres rouges et la minceur… qui constituent des symptômes de la tuberculose. Oui, vous avez bien lu. Les rumeurs vont jusqu'à dire que certaines femmes tentaient de l'attraper volontairement afin de coller aux diktats de beauté.

Durant les Années folles, on change complètement d'ambiance et on passe aux coiffures courtes, à la poitrine plate et à la silhouette « garçonne ».

L'âge d'or de Hollywood donne un grand coup de pied dans la fourmilière, avec l'avènement de Marilyn Monroe. Les formes sont pulpeuses, la silhouette idéale étant en forme de sablier : taille fine et hanches prononcées. Dans les sixties, nouveau renversement, c'est la minceur qui devient glamour : on veut des jambes longues et élancées, on encense le physique d'adolescente.

Puis viennent les années 1980 : c'est l'ère des top models sveltes mais toniques, type Cindy Crawford et Claudia Schiffer. Dans les années 1990, elles cèdent la place au retour de l'extrême minceur, avec le style « heroin chic » – dont le but est de refléter le look des *drug addicts*, teint blafard, cernes prononcés, joues creusées… –, porté par son icône, la Brindille, Kate Moss.

Et ces dernières années ? On a notamment nourri une obsession pour le *thigh gap* – le fameux « écart » entre les cuisses –, les poitrines généreuses et le ventre ultra-plat. Aujourd'hui, le corps parfait est mince, mais avec quelques courbes et légèrement musclé, mais pas trop non plus, un ventre plat rehaussé d'une paire de seins bien ronds et haut perchés, une peau immaculée, sans aucun bouton ni cicatrice, et encore moins de cellulite ou de vergetures, des cheveux lisses et soyeux – accessoirement, c'est mieux s'il ne transpire pas et n'a pas d'odeur (transpi, haleine ou flatulences pour ne citer qu'elles). Ah, et aussi, un visage symétrique, avec des yeux surtout pas globuleux ni trop enfoncés, un petit nez qui ne se fait pas trop remarquer, et des oreilles surtout pas décollées. Les réseaux sociaux, avec les filtres Instagram et Snapchat permettant par exemple de modifier l'apparence de son visage en temps réel – lèvres gonflées, peau lissée, sourcils rehaussés, traits redessinés – n'en finissent pas de standardiser les corps et de créer de nouveaux diktats…

Comme vous le voyez, le corps des femmes a toujours été sujet aux injonctions, c'est pourquoi il est si difficile de s'en détacher. Mais retenons surtout que les standards de beauté ont évolué, et que les normes sont relatives… On peut facilement en venir à la conclusion que les pieds bandés et la fascination pour les lèvres et le teint des tuberculeuses étaient complètement absurdes en plus d'être incroyablement douloureux et dangereux. Alors pourquoi ne pas remettre en question les standards de beauté actuels, comme le style « heroin chic » qui revient à la mode et qui demande en fait aux femmes de s'affamer ? Et si on prenait de la hauteur face à nos complexes et aux critères de beauté ?

Incursion au cœur des complexes

J'ai poussé les portes de mon premier salon de beauté assez tard, vers 27 ans. J'étais tellement complexée par mes poils que je ne supportais pas l'idée que qui que ce soit d'autre que moi les voie. J'ai finalement accepté de les montrer à une esthéticienne recommandée par une amie… parce qu'elle était beaucoup plus âgée que moi. J'avais dans l'idée qu'elle se foutrait probablement davantage de mes poils qu'une plus jeune, que j'estimais plus à même de me juger. Et encore maintenant, quand je tombe sur une esthéticienne de mon âge, je suis moins à l'aise, alors que j'essaie de déconstruire au maximum ces foutus modes de pensée qui mènent tout droit aux complexes, c'est même un peu mon métier – je suis payée pour écrire ce bouquin, après tout. Et justement, quand je suis chez l'esthéticienne, tous mes complexes me reviennent en pleine face parce que je me retrouve dans la pire position qui soit, à savoir à poil avec mes poils. Et parfois, littéralement, dans la pire position qui soit – oui je parle bien de ce moment affreux où tu es sur le ventre ou à quatre pattes et que tu dois t'écarter les fesses pour te faire épiler le SIF (sillon interfessier). Et, au-delà de ça, je suis allongée à ne rien faire, alors j'ai tout le temps de cogiter entre deux arrachages de bandes de oilps. En gros, je me fais mal mentalement en plus de me faire mal physiquement. Mais, paradoxalement, c'est

(SIMONE)
REAL
LIFE

*Si demain les femmes
se réveillaient
et décidaient d'aimer
vraiment leur corps,
imaginez le nombre
d'industries qui
feraient faillite.*

Gail Dines, sociologue

parfois un moment assez plaisant. Parce que je peux évoquer des sujets intimes avec mon esthéticienne que je n'aborderais pas entre la poire et le fromage aux repas de famille.

Alors, telle l'Élise Lucet du complexe, un jour, j'ai pénétré au cœur d'un salon de beauté, non pas pour me faire épiler, mais pour discuter avec une experte du rapport que les femmes ont à leur corps. Parce que si j'ai ces peurs-là quand je vais chez l'esthéticienne, je ne dois pas être la seule. Et si quelqu'un en connaît un rayon sur les complexes des femmes, ça doit bien être une esthéticienne !

Marine, 28 ans, masseuse-esthéticienne, m'a donc confirmé que, même si ça change et qu'on va vers le mieux, beaucoup de ses clientes arrivent au salon en n'étant pas très à l'aise dans leur corps et avec un beau bagage de complexes. Elle m'a aussi expliqué que, elle et ses consœurs, ont une relation très particulière avec les personnes qui viennent les voir, parce que ces dernières sont nues. Et quand on épile, c'est comme chez le coiffeur, on pose des questions sur le quotidien… et on parle aussi de poils, quelque chose qui de base est assez intime, peu importe à quel endroit ils sont logés. Les clientes se disent « on est là, autant y aller à fond et parler de tout ce qui nous pèse sur le cœur à ce sujet-là ». On se confie donc beaucoup dans un salon de beauté, il y a des choses qui se disent entre l'esthéticienne et sa cliente qui ne peuvent pas se dire à un autre endroit.

Elle a ainsi constaté en discutant avec elles que, systématiquement, les complexes ne viennent pas des femmes, mais bien des autres, de moqueries ou autres surnoms humiliants. Ce qui fait que la plupart d'entre elles, sans aller jusqu'à détester leur corps, plutôt que de l'aimer, le supportent. C'est-à-dire qu'il est là, qu'il nous fait un peu chier, mais qu'on essaie de faire ce qu'on peut pour « l'améliorer ». On se fait épiler, on se maquille, on s'habille bien, histoire de mieux l'accepter. Elle nuance quand même ce constat : « Heureusement, il y a des personnes qui adorent leur corps, des femmes qui assument totalement le fait d'être grosse ou d'avoir les cheveux bouclés, par exemple. Elles l'acceptent ! Il faut qu'il y en ait. »

D'après Marine, les jeunes en particulier s'excusent beaucoup et, d'ailleurs, elle ne compte plus le nombre de fois où elle a entendu cette phrase [roulement de tambours] que vous avez sans doute déjà prononcée vous-même – en tout cas moi oui, chaque fois : « Ça fait longtemps que je ne suis pas venue, du coup mes poils sont longs.» Elle s'insurge un peu, et je suis d'accord avec elle: «On s'en fiche que les poils soient longs, c'est pas grave!» Les meufs, on est d'accord, on ne va pas s'épiler avant d'aller se faire épiler... D'ailleurs, sachez que, en tant que professionnelles de l'arrachage de poils, les masseuses-esthéticiennes ont un rapport particulier avec le corps et l'intimité, puisqu'il s'agit pour elles d'instruments de travail. Quand elle bosse, Marine ne voit pas des aisselles, une chatte ou des fesses, mais juste un morceau de peau. Alors elle insiste bien sur le fait qu'on n'a pas à s'excuser. Par ailleurs, comme elle le dit si bien, «N'oublions pas que c'est un business qui a été créé sur quelque chose de parfaitement naturel!» Ah ça, c'est intéressant! Car oui, les poils, c'est parfaitement naturel – de là à affirmer que l'épilation est contre-nature, il n'y a qu'un pas, à chacune de le faire ou non! Le fait de les enlever n'est lié qu'à une injonction esthétique, et surtout pas hygiénique, au contraire. Une étude américaine publiée en novembre 2016 dans la revue médicale *JAMA Dermatology*[12] a ainsi mis en lumière une augmentation des pathologies liées à l'épilation des poils du pubis. En effet, ils permettraient d'équilibrer la fleur microbienne vaginale en laissant s'échapper les bonnes bactéries, notamment après un rapport sexuel; de protéger les muqueuses génitales contre les infections; d'éviter les poils incarnés; de se protéger des infections – en faisant disparaître les follicules pileux, l'épilation empêche l'humidification de la peau et favorise le passage des mycoses (voir page 141).

Mais revenons à nos moutons. Ce qui est ressorti de mes conversations avec Marine, c'est que la relation que ses clientes entretiennent avec leurs poils est généralement assez mauvaise*. Pour autant, elles n'en ont pas forcément conscience, car elles ont parfaitement assimilé et normalisé leur devoir de s'en débarrasser. En effet, il est très difficile de reconnaître que c'est la société qui induit cette volonté de s'épiler. Beaucoup sont certaines que c'est elles qui le veulent. On est persuadées que c'est nécessaire, que ça fait mal, que c'est un peu relou, mais que c'est pour son bien, parce que c'est comme ça que ça doit être – on a été biberonnées au bon vieux «il faut souffrir pour être belle», et on l'a bien intégré. Il y a un truc un peu masochiste avec l'épilation, finalement. On va se faire du mal, mais quand on ressort de chez l'esthéticienne, on se sent mieux parce qu'on a répondu à une injonction. Plus légère, parfois même plus propre.

YES
SHE CAN

GRATITUDE POUR MON CORPS

La gratitude ça se pratique pour tout un tas de choses et ça a un pouvoir assez incroyable ! Plutôt que de se focaliser sur ses complexes et autres prétendus défauts de fabrication, on peut se rappeler que notre corps est avant tout un formidable outil, un véhicule, un moteur, notre habitat, et on peut donc le remercier pour ses multiples fonctions et tout ce qu'il nous permet de réaliser.
Chaque jour, listez trois choses positives que votre corps vous a permis de faire : un tour à vélo, aller à la boulangerie, faire l'amour, ou encore, comme Laëtitia que vous découvrirez page 38 — #teasing —, de danser...

Gratitude numéro 1

....

....

Gratitude numéro 2

....

....

Gratitude numéro 3

....

....

De mon côté, cet échange avec Marine m'a confortée dans l'idée que les complexes ne sortent pas de nulle part. Non, on ne naît pas complexées. Ce rapport qu'on entretient avec notre corps est façonné depuis notre plus tendre enfance et tout au long de notre vie par notre éducation, par nos interactions sociales, par les images véhiculées dans l'espace public, par notre héritage patriarcal. Et tout cela est largement influencé par les industries qui se font du beurre sur le corps des femmes. N'oubliez jamais que nos complexes rapportent gros à tous ceux qui ont des choses à vendre et qui se font un max de fric sur le dos des « imperfections » du visage avec le maquillage, ou encore des rondeurs avec des vêtements, régimes et autres soins amincissants, mais aussi des poils avec les crèmes dépilatoires, rasoirs et cires en proposant des épilations du maillot à 30 balles. On a besoin de créer des complexes par rapport à des caractéristiques 100 % naturelles – genre les poils, donc – pour vendre des moyens de s'en débarrasser. Pas nécessaire de vous faire un dessin : s'il n'y avait pas de complexes, il n'y aurait rien besoin de vendre du tout. Eh oui, là encore, pas besoin de solution s'il n'y a pas de problème. Crèmes anti-cellulite, de jour, de nuit, BB, CC, j'en passe et des meilleures, produits pour le défrisage, fers à friser, crèmes dépilatoires, anti-odeurs… Tout, tout, tout ce qu'on achète pour « améliorer » son apparence et qui nous coûte un bras, ça représente une petite fortune pour l'industrie cosmétique et les marques qui se présentent comme nos « sauveuses ». Ces produits censés nous permettre d'être plus belles nous suggèrent qu'au départ on ne l'est pas, nous oppressent et nous font entretenir un rapport complexe et complexé à notre corps.

Patriarcat, nous voilà !

Nous en arrivons à ce qui sous-tend tout ça : le patriarcat. Parce que si le corps des femmes est soumis à tant de contraintes, vous avez remarqué que ce n'est pas le cas pour les hommes – Marine note justement que « 100 % des hommes qui viennent au salon de beauté ne se posent pas la question de leur pilosité, alors que pour le coup, quasi aucun ne s'épile ». Eh non, les hommes et les femmes ne sont pas égaux face aux diktats de beauté. En effet, une femme aura l'air négligée si elle ne répond pas aux

GANG DE (SIMONE)

Pourquoi les hommes sont-ils beaux sans maquillage ? Parce que la société ne leur a jamais dit qu'ils étaient moches sans. #doublestandard injonctions, c'est-à-dire si elle ne s'épile pas, ne se maquille pas, ne colore pas ses cheveux blancs… Plus choquant encore, les femmes peuvent être stigmatisées dans le milieu du travail, comme la journaliste Lisa LaFlamme dont le contrat avec une chaîne de télé canadienne aurait été rompu à cause de ses cheveux grisonnants[13]. Un homme n'est pas du tout soumis aux mêmes problématiques, il n'a pas besoin de se maquiller ni de s'épiler, ça ne laisse rien transparaître de lui, et il ne sera pas blâmé pour ça. On appelle ça un double standard.

Cette sympathique différence, on la doit au fameux male gaze (merci, vraiment), autrement dit, le « regard masculin », et son corollaire, l'hyper-sexualisation, qui nous suivent partout depuis toujours. C'est en 1975 que la militante féministe et cinéaste Laura Mulvey prend conscience que les productions culturelles sont teintées de voyeurisme, centrées autour du personnage masculin et de son accomplissement – on y reviendra page 39… Tout tourne autour de la valorisation de l'homme et de la satisfaction de ses envies. Et voilà comment on se retrouve noyées sous les images de femmes sexy au cinéma et qu'on a le sentiment de devoir porter des talons hauts, mettre des décolletés et des jupes dans la vraie vie – ce qui n'est pas sans conséquence puisque, si un homme viole une femme qui a osé porter une jupe, certain·e·s n'hésiteront pas à dire qu'« elle l'a bien cherché, c'est quoi cette manie de vouloir exciter ?! » Les femmes sont ainsi réduites à l'état d'objets de désir sexuel, et leur valeur à leur capacité à plaire.

Le pire, c'est qu'on a tellement intériorisé le male gaze qu'on ne peut s'empêcher de se comparer à nos homologues féminines. Et le regard que l'on redoute finalement le plus, c'est celui des autres femmes. Ah, la fameuse comparaison entre femmes, elle fait des ravages ! On est sans cesse en train de se toiser et de juger notre valeur par rapport au physique des autres. Le patriarcat nous divise, et c'est bien le principe de ce système fondé sur l'autorité et les valeurs masculines au détriment des femmes.

MOOD BOARD

Les podcasts à écouter

- Épisode « Beauté complexe » avec Constance Jablonski dans *Canapé Six Places* de Léna Mahfouf.
- Épisode « Chloé — Faire de ses complexes une force » de *Salut, ça va?* par Take Kare.
- Épisode #176 « Votre confiance en soi ne vous appartient pas » avec Emma Monsaingeon de *Vlan!*

Les comptes Insta à suivre

- @larenardebouclée, l'illustratrice attitrée de ce livre, la queen du body positive !
- @ely_killeuse, qui prône l'amour de soi sans se mettre la pression, tout ce qu'on aime.
- @jameelajamil (en anglais), qui dénonce les travers du culte de la minceur et du corps parfait.

Les livres à lire

Beauté fatale de Mona Chollet (La Découverte, 2012), c'est LE livre à lire pour déconstruire tout ce qu'on pensait savoir sur la beauté et les injonctions que l'on subit en tant que femmes.

Chapitre 2

FEMMES HYPER-SEXUALISÉES, FEMMES BIEN DOMPTÉES

Selon moi, la grande responsable des complexes, c'est elle, l'hypersexualisation. Parce que, au final si on y réfléchit bien, le corps parfait, c'est avant tout un corps qui fait envie – sans toutefois être vulgaire. Si on veut ce corps idéal, c'est bien pour plaire, non? Aux hommes, à la société… Et si on a tant besoin de plaire, c'est parce que nos corps sont sexualisés à notre insu, mais qu'on a quant à nous admis qu'on devait se plier à cette idée.

Pour faire court, l'hypersexualisation, c'est «un phénomène qui consiste à donner un caractère sexuel à un comportement ou à un produit qui n'en a pas en soi[1]». La poitrine des femmes en est un parfait exemple. Elle est tellement sexualisée dans l'espace public que nombre de meufs n'osent pas sortir sans soutien-gorge par peur de choquer ou de passer pour une allumeuse. Alors, soyons claires: la poitrine n'est pas un organe sexuel. Oui, vous avez bien lu: la poitrine n'est pas un organe sexuel. En effet, c'est un caractère sexuel secondaire, au même titre que la barbe ou la voix qui mue chez les hommes. Pourtant, on la sexualise au point que, pour certain·e·s, il est inconcevable de voir une femme allaiter son enfant en public. Ce serait choquant, voire dégoûtant!

L'hypersexualisation, le nerf de la guerre

Et la poitrine n'est pas le seul attribut hypersexualisé chez les femmes. En fait, c'est le corps féminin tout entier que l'on sexualise de façon systématique. Dans les jeux vidéo, les magazines, les films, les pubs et même dans les dessins animés. Les références sexuelles sont de plus en plus explicites et présentes, et ce même dans des programmes à destination des jeunes adolescent·e·s. Attention, je ne parle pas ici de la sexualité en elle-même, qui, selon moi, ne devrait pas être un tabou, mais faire partie intégrante de l'éducation. Mais cette hypersexualisation du corps des femmes qui ne consiste qu'en un bombardement d'images violentes a des conséquences délétères, notamment sur les jeunes esprits. Le sociologue et professeur Richard Poulain explique ainsi dans un article pour *LaPresse* que « l'hypersexualisation renvoie également à la notion de sexualisation précoce, laquelle est définie par le fait que les jeunes filles sont poussées socialement à adopter des attitudes et des comportements de petites femmes sexy et, les garçons, ceux de machos. Au Québec, on constate un rajeunissement alarmant de l'âge des agresseurs sexuels[2] ». En somme, on éduque les enfants, dès leur plus jeune âge, et peu importe leur genre, à hypersexualiser le corps des femmes et des jeunes filles pour servir le male gaze (voir pages 32 et 39). Et, dans le même mouvement, on enseigne aux jeunes garçons à être des prédateurs hypersexuels et on le banalise. Ça a des effets dramatiques, parce que l'hypersexualisation entretient les agressions sexuelles de tout ordre, du harcèlement jusqu'au viol. Elle est donc dangereuse.

Conditionnées par Disney

Au-delà de ces conséquences très graves, l'hypersexualisation joue un rôle prédominant dans le développement des complexes. À force d'y être soumises en permanence depuis notre plus jeune âge, et d'être conditionnées à l'idée que l'on doit absolument plaire aux hommes pour atteindre le bonheur ultime, il est en effet compliqué de ne pas prêter attention à notre féminité. On nous vend donc qu'on atteindra ce but avec un corps sexy, même si, pour obtenir cette taille fine qui fait ressortir les fesses et les seins, on doit en passer par des privations et des prises de tête qui nous rendent finalement, et paradoxalement, plus malheureuses qu'autre chose...

Faisons la preuve de tout ça par l'exemple, en nous penchant sur les Disney de notre enfance. Je vais m'appuyer pour ça sur l'analyse de Victoria Cann, maîtresse de conférences en sciences humaines à l'université d'East Anglia, et de Laura Coffey-Glover, maîtresse de conférences en linguistique, spécialisée dans le genre et la sexualité, à l'université de Nottingham Trent. Voici donc, selon elles les messages véhiculés dans les dessins animés Disney comme *Aladdin*, *La Petite Sirène* ou encore *La Belle et la Bête*[3].

Dans ce dernier, on constate ainsi que Belle est représentée comme une « jeune femme valide, aux yeux de biche, à la taille ultra-mince et aux longues boucles fluides, symboles ultimes de la féminité conventionnelle ».

Une femme est souvent mesurée par les choses qu'elle ne peut pas contrôler. Elle est mesurée par la façon dont son corps se courbe ou ne se courbe pas, par où elle est plate ou droite ou ronde.

Marilyn Monroe

GANG DE (SIMONE)

« Au départ, c'était inenvisageable, pour moi, de monter sur scène dénudée. Et finalement, je l'ai fait, non sans peur. Ça m'a donné des ailes de me dire que j'en étais capable, que je pouvais être cette meuf-là. J'étais fière de moi. Et ç'a été encore mieux de voir les photos et de me trouver jolie – j'avais peur d'y découvrir tout ce que je peux détester chez moi quand je me regarde froidement dans un miroir. Finalement, j'ai eu un regard doux et bienveillant envers moi-même. Dans le burlesque, on célèbre la diversité des corps et je trouve ça très inspirant de voir des femmes différentes de ce que l'on nous donne à voir dans les médias.
Tu vois le corps des femmes dans leur diversité (même si, dans certains cabarets très connus, toutes les meufs sont ultra-gaulées et castées selon les standards de beauté qu'on connaît). Il y a cette idée que, "OK, j'ai du gras, de la cellulite, je ne le cache pas et je secoue mes fesses quand même". Le fait de voir des femmes avec des bourrelets, une culotte de cheval, ça m'a inspirée. Je trouve ça génial de se dire que t'as pas besoin d'être ultra bien foutue pour pouvoir danser, même peu habillée, et pour pouvoir être une bonne danseuse.
Et puis, ça aide d'être dans un espace bienveillant où on s'entend toutes très bien, mais surtout, sans œil masculin. On n'est pas soumises au jugement des autres pendant le cours, ça libère et ça rend les choses possibles. Ça m'a vraiment aidée à m'affranchir du regard des autres de manière générale, des autres danseuses, celui des spectateurs et le mien. »

Laëtitia, créatrice de contenu engagée (Instagram Eleusis & Mégara @eleusis_megara), qui s'est mise au burlesque (et en particulier la danse avec éventails) pour se détacher du male gaze et se réapproprier son corps.

C'est aussi le cas de la Belle au bois dormant, dont la taille est incroyablement fine. Elles ont donc chacune ce fameux « corps parfait et idéal » qu'on nous vend depuis toujours... Voilà la preuve que le lavage de notre cerveau a été enclenché dès nos 8 ans – et parfois moins –, alors qu'on pensait juste regarder innocemment nos dessins animés préférés en se gavant de pop-corn.

Dans *Aladdin*, Jasmine est une jeune princesse, fougueuse, certes, mais dont le destin appartient à un homme riche et puissant : le roi. « Sur le plan vestimentaire, elle porte essentiellement un haut de bikini pour montrer son très léger ventre, ce qui semble être une tentative des réalisateurs blancs de donner aux robes des femmes du Moyen-Orient un aspect plus exotique et sexuel[4]. »

Dans *La Petite Sirène*, « on part du principe qu'il est acceptable d'abandonner sa famille, de changer radicalement de corps et de renoncer à sa voix pour avoir son homme[5] ». De même, Ursula, la méchante sorcière des mers, est laide, vieille – et apparemment, ça encore, c'est mal, on en reparle page 43 – et grosse – quelle indécence, dont on reparlera aussi, page 87. En opposition, donc, aux gentilles filles à qui tout va finir par sourire, parce qu'elles sont jeunes, belles, minces, bref, sexy et attirantes.

Depuis toutes petites, on est ainsi conditionnées de façon insidieuse à l'idée qu'il est primordial d'être séduisantes afin d'obtenir la validation des hommes et leur amour. Et on a donc totalement admis que les sacrifices, quoi qu'ils nous en coûtent, étaient un passage obligé pour y arriver.

Ciao, le male gaze

Évidemment, les Disney ne sont pas les seuls à poser problème dans le vaste processus de l'hypersexualisation, loin de là. Comme je vous le disais page 32, c'est la réalisatrice et critique de cinéma féministe Laura Mulvey qui a théorisé le concept de male gaze, ou « regard masculin » en français, en 1975. Le male gaze, c'est tout simplement le fait que, dans les films et le cinéma, on va proposer de regarder les femmes et leur corps depuis la perspective d'un homme hétéro cisgenre (dont l'identité de genre correspond au genre assigné à la naissance). La caméra va donc s'attarder sur des parties de leur corps en particulier et les sexualiser, les objectifiant à leur insu, pour le bon plaisir du spectateur masculin qui veut voir des corps minces, avec des seins opulents... À force de voir ces films, les femmes elles-mêmes intègrent ce point de vue, posant inconsciemment un regard masculin sexualisé sur leur propre corps. Logique: c'est finalement le seul regard ou presque dans les représentations culturelles.

Car la puissance destructrice du male gaze réside dans le fait qu'il est malheureusement omniprésent. Et si Laura Mulvey en dénonçait l'existence dans le monde du cinéma, c'est bien toutes les formes d'art et de culture qui en sont imprégnées, qu'il s'agisse de peinture ou de musique, peu d'œuvres font exception. Pour réaliser à quel point le male gaze, le sexisme et l'hypersexualisation sont présents dans nos représentations culturelles, l'autrice de bandes dessinées Alison Bechdel a proposé un test dans un de ses strips, en 1985*. Si vous ne le connaissez pas encore, attention, vous allez être surprise. Ce test a pour but de déterminer le caractère sexiste d'une œuvre de fiction, à travers trois éléments:

- il doit y avoir au moins deux femmes nommées (nom/prénom) dans l'œuvre;
- elles doivent parler ensemble;
- elles doivent parler d'un sujet sans rapport avec un homme.

D'après bechdeltest.com, seulement 57,1% des films répertoriés passent le test de Bechdel-Wallace[6]. Par exemple, sans grande surprise, *Mourir peut attendre*, un des derniers James Bond – sorti en 2021, pas en 1962... –, y échoue: il n'y a que deux dialogues entre femmes dans le film, et ceux-ci sont au sujet de James Bond – évidemment...

Dans un registre plus caustique, la scénariste de comics Kelly Sue DeConnick a quant à elle inventé le test «de la lampe sexy», expression désignant un personnage féminin qui pourrait être remplacé par une lampe sans que le changement n'ait d'impact sur l'intrigue. Triste, n'est-ce pas? Encore une fois, la plupart des James Bond échouent au test de la lampe sexy[7] – on parle quand même d'un «héros» qui dit des trucs comme «Je ne donne pas dans la rouquine. De sales caractères... Mais cependant, ça vous va bien» et «J'aime une femme en bikini. Elle ne dissimule pas d'arme»... –, mais aussi *Gatsby le Magnifique* – dans toutes ses adaptations – ou *Diamants sur canapé*, deux de mes films préférés.

YES SHE CAN

DÉBUSQUER LE MALE GAZE

L'autrice féministe Iris Brey a créé le concept du female gaze, ou « regard féminin » en français, afin de replacer les femmes comme sujets dans le monde du cinéma, et non plus comme objets.

Elle a ainsi établi un test[8] pour évaluer si un film est empreint de sexisme et de misogynie ou si, au contraire, il est plutôt bienveillant à l'égard du genre féminin :

Est-ce que le personnage principal s'identifie en tant que femme ?
❒ Oui ❒ Non

Est-ce que l'histoire est racontée du point de vue du personnage principal féminin ?
❒ Oui ❒ Non

Est-ce que l'histoire remet en question l'ordre patriarcal ?
❒ Oui ❒ Non

Est-ce que la mise en scène permet au spectateur ou à la spectatrice de ressentir l'expérience féminine ?
❒ Oui ❒ Non

Si les corps sont érotisés, est-ce que le geste est conscientisé ?
❒ Oui ❒ Non

Est-ce que le plaisir des spectateurs est produit par autre chose qu'une pulsion scopique (le plaisir de posséder l'autre par le regard) ?
❒ Oui ❒ Non

Bonus
Films en mode female gaze

- *Hiroshima, mon amour*, Alain Resnais, 1959.
- *Cléo de 5 à 7*, Agnès Varda, 1962.
- *Quand nous étions sorcières*, Nietzchka Keene, 1990.
- *La Leçon de piano*, Jane Campion, 1993.
- *Titanic*, James Cameron, 1997.
- *Baise-moi*, Virginie Despentes et Coralie Trinh Thi, 2000.
- *Carol*, Todd Haynes, 2015.
- *Portrait de la jeune fille en feu*, Céline Sciamma, 2019.

GANG DE (SIMONE)

Le regard féminin, pour moi, c'est de désirer en dehors d'un schéma de domination[9]*.*

Iris Brey, journaliste

Une question d'âge ?

Avez-vous déjà entendu parler d'âgisme? C'est le fait de stigmatiser les personnes selon leur âge – notamment les femmes, et c'est ce qui nous intéresse ici. Ainsi, d'après la World Health Organization, « l'âgisme apparaît lorsque l'âge est utilisé pour catégoriser et diviser les gens d'une façon qui entraîne des préjudices, des désavantages et des injustices[10] ». C'est même un « type de violence exercée par la société sur les personnes âgées[11] ». Pour le gérontologue Robert Butler, « l'âgisme reflète le profond malaise des jeunes et des adultes d'âge mûr face à la vieillesse[12] ». Il se recoupe avec les inégalités de genre, c'est-à-dire qu'une vieille femme ne rencontrera pas les mêmes difficultés qu'un vieil homme. De manière générale, l'âgisme a un impact sur la santé physique et mentale, et serait ainsi la cause de 6,3 millions de cas de dépression dans le monde[13].

L'âgisme s'impose à nous très tôt. Dès qu'on sort de l'adolescence, en tant que femme, on apprend qu'il ne faut pas vieillir. Les marques liées à la vieillesse sont extrêmement taboues, on doit absolument cacher les rides, les seins qui tombent, la peau flasque ou autres cheveux gris… Tout pour éviter de se faire étiqueter « vieille »… Et de perdre instantanément en sex-appeal ! Parce que, non, vieillir pour une femme, dans notre société, c'est pas sexy. Or, on l'aura compris avec le male gaze, ce qui n'est pas sexy ne doit pas être montré. Pourtant, en France, une femme majeure sur deux a plus de 50 ans, ce qui représente bien 52 % de la population féminine majeure[14] ! Ça en fait, du monde à planquer…

LE PETIT MOT DE MAMIE

Embrasse tes rides, elles racontent ton histoire !

Dans les contes de notre enfance, les vieilles femmes n'apparaissent que sous les traits de méchantes sorcières, par opposition aux jeunes filles prépubères pures et magnifiques. Ce sont les femmes à abattre.

La journaliste et essayiste Mona Chollet nous rappelle d'ailleurs, dans son ouvrage *Sorcières*[15], que les vieilles femmes portent un lourd héritage de discrimination. En effet, elles furent en première ligne durant les chasses aux sorcières, c'était elles les principales accusées lors des procès en sorcellerie, elles que l'on menait au bûcher avant toute autre femme. Le dernier procès en sorcellerie a eu lieu en 1782, en Europe... Ce n'est pas si loin! Mais pourquoi tant de haine envers les vioques?

Rosemarie Garland-Thomson explique dans son article «Integrating Disability, Transforming Feminist Theory[16]» que le vieillissement est considéré comme une forme de handicap, ou plutôt d'incapacité «qui disqualifie les femmes âgées du pouvoir limité attribué aux femmes qui sont jeunes et qui répondent aux critères d'attraction des hommes». D'ailleurs, les hommes et les femmes ne sont pas égaux face à la vieillesse. Tandis que les vieux sont jugés comme étant beaux gosses et sexy avec leurs cheveux poivre et sel, les vieilles, elles, sont catégorisées comme les vieilles sorcières fripées de service. Elles ne sont pas belles, leur corps ridé, flasque et tombant ne trouvant pas grâce aux yeux du male gaze. Elles n'ont plus aucun intérêt sexuel, elles n'existent donc presque plus dans la société.

Alors, en toute logique, les vieilles sont quasiment absentes des représentations publiques. Si on représente des vieilles, on va évidemment préférer des bombes, celles qui sont «bien conservées» – contrairement à celles qui sont «périmées»! La Toile a dernièrement ainsi été envahie de photos «avant-après» de Jennifer Lopez[17]. C'est assez bluffant: elle n'a presque pas changé depuis le début de sa carrière dans les années 1990... À l'heure où j'écris ces lignes, J.Lo a 54 ans, et c'est comme si elle s'était figée dans le temps. Ce genre d'images nous renvoie bien fort dans la tronche l'obsession de la jeunesse éternelle. On peut vieillir, mais il faut le faire bien, c'est-à-dire qu'il faut vieillir en ayant encore l'air jeune. Vous n'avez pas encore plus compliqué comme injonction SVP? Parce qu'en même temps, les femmes qui usent et abusent du Botox et des liftings sont accusées de tricher, on n'hésite pas à se moquer d'elles, surtout si ça se voit. Autant dire qu'on n'est jamais gagnantes.

Ces dernières années, on a cependant pu voir de plus en plus de femmes de plus de 50 ans, sur le papier comme à l'écran... Comme l'actrice Gillian Anderson, star de la série *Sex Education*, qui, à 54 ans, arborait une

(SIMONE) REAL LIFE

magnifique crinière argentée dans la saison 1. Sophie Fontanel, journaliste et écrivaine, 61 ans, a fait la une du magazine *Elle* en 2021... toute nue! *Fun fact*: Isabella Rossellini, première égérie et muse Lancôme dans les années 1980, avait été remerciée après quatorze ans de bons et loyaux services parce qu'elle était trop vieille et... Lancôme l'a finalement rappelée parce que l'actrice «maintient une attitude très sereine et positive face à l'âge, qu'elle vit comme une libération et une affirmation de soi», d'après Françoise Lehmann, à la tête de la maison Lancôme. Il semble donc que les lignes bougent un peu...

Il n'y a pas d'âge pour s'aimer

Depuis que j'ai 18 ans, on me dit qu'il faut que je fasse attention à ma peau, que j'utilise des crèmes anti-âge pour éviter les rides. Et lorsque je demandais à des professionnels (de santé ou make-up artist) s'il était vraiment utile d'utiliser ce genre de crème à mon âge, on me répondait toujours: «Mieux vaut prévenir que guérir». Entre nous, le simple fait d'apposer le terme «anti-âge» sur les crèmes, sérums, contour des yeux et soins en tout genre trahit une volonté de combattre le fait de vieillir. Appliquer une crème anti-âge le matin, c'est presque une lutte contre soi-même, parce qu'on essaie de contrer quelque chose de parfaitement naturel...

Bref. On me répétait qu'il fallait porter des soutifs, pour ne surtout pas avoir les seins qui tombent – alors même qu'il n'est aucunement prouvé que les soutiens-gorge aident les seins à se maintenir, bien au contraire[18]. Et alors que, depuis quelques années, j'ai de plus en plus de cheveux gris, on me dit qu'il faut absolument les cacher avec des teintures. En somme, il ne faut surtout pas que j'aie l'air d'une vieille, alors que je n'ai que 33 ans au moment où j'écris ces lignes. Foutez-moi la paix!

J'ai la pression pour cacher le fait que j'avance dans l'âge. D'ailleurs, on ne demande pas à une femme quel âge elle a. Ça ne se fait pas. C'est tabou, c'est insultant, c'est une honte. Parce qu'une femme, elle perd en valeur sociale à mesure qu'elle gagne des années. Parce qu'elle ne rentre plus dans les cases «sexy» et «jeunes» chères à notre société patriarcale. Parce que sa valeur est liée à son apparence et que son vieillissement est perçu comme une perte de beauté. Elle tient aussi à sa fertilité, bien sûr, donc aux enfants qu'elle est censée mettre au monde, ce qui entraîne son exclusion dès la ménopause.

YES SHE CAN

LES AFFIRMATIONS BODY POSITIVE POUR ENVOYER DU LOVE À SON CORPS

L'affirmation positive s'inspire largement du mantra, une formule sacrée qui puise ses racines dans des écrits spirituels et religieux, notamment dans l'hindouisme. Nos sociétés occidentales l'ont quelque peu détournée et remaniée à leur sauce… Il peut s'agir d'un mot, d'une phrase, d'une chanson… à (se) répéter afin de poser une intention sur quelque chose en particulier, qui nous tient à cœur.

Je vous suggère ici de créer vos propres affirmations positives, des phrases bienveillantes à l'attention de votre corps. Vous pouvez même les écrire sur des Post-it et les placarder sur le miroir de votre salle de bains, dans votre chambre, sur votre frigo, les chanter, les crier…

Voici quelques exemples d'affirmations positives à se répéter, en se levant, en se couchant, sur son vélo…

J'aime ma peau

J'aime mes poils

J'aime mon corps

J'aime mes cheveux

J'aime mes jambes

J'aime mon ventre

J'aime mes fesses

Je m'aime

Je prends soin de moi

Les cas particuliers : cougars et MILF

Je reviens sur ce que j'ai dit, les femmes qui vieillissent ne perdent pas toujours en intérêt, tant qu'elles peuvent servir le male gaze. On les connaît alors notamment sous l'appellation « cougar » et « MILF ». La cougar, c'est cette femme considérée comme étant « d'âge mur », de plus de 40 ans, et qui relationne avec des hommes plus jeunes qu'elle. Si la cougar peut être cougar, c'est parce qu'elle répond aux diktats de beauté et du corps idéal : attention, n'est pas cougar qui veut. Elle doit être mince, et son corps ferme et lisse il ne doit en aucun cas laisser transparaître qu'il est vieillissant. On la perçoit en outre comme étant très entreprenante, avec un appétit sexuel très important, limite pathologique. Le terme « cougar » est sexiste dans le sens où il est bien souvent employé de manière péjorative et objectifiante. Surtout, il ne caractérise que les femmes et il n'existe pas d'équivalent masculin. C'est-à-dire que pour les mecs, il est tout à fait normal d'être avec des femmes plus jeunes qu'eux, qu'ils aient 30 ou 70 ans et que l'écart soit de deux ou vingt ans.

Paye ton info

Les réflexions et injonctions débiles qu'on sort aux femmes par rapport à leur âge :

- **Il ne faut pas dévoiler son âge passé 50 ans.**
- **Après un certain âge, tu ne peux plus porter de jupes courtes ou d'imprimé léopard, c'est vulgaire.**
- **« Tu fais pas ton âge ! »**
- **« Elle est bien conservée, pour son âge… »**

La MILF, c'est la « Mum I would Like to Fuck », autrement dit, cette mère que j'aimerais baiser (classe hein ?). Ce terme a largement été démocratisé grâce – ou à cause… – des films *American Pie* dans les années 2000. En gros, une MILF, c'est une meuf qui est « encore sexy » bien qu'elle ait eu des enfants. Elle a évidemment un corps qui ne laisse pas transparaître les grossesses. Cette expression est extrêmement problématique parce qu'elle donne l'impression qu'une femme, de manière générale, est périmée lorsqu'elle a eu des gosses. Et qu'elle n'a de la valeur aux yeux de la société que lorsque son corps est mince et svelte. En gros, on nous fout une pression supplémentaire : si tu veux être une MILF, bouge tes fesses et rentre le ventre, sinon t'es bonne à foutre au placard.

Silver influenceuses

Les silver influenceuses, ou influenceuse argentées (rapport à la couleur de leurs cheveux gris), ce sont des influenceuses seniors ! Alors que la moyenne d'âge des réseaux sociaux se situe plutôt en dessous de 55 ans[19], elles se sont fait une place pour donner de la visibilité aux femmes qu'on qualifie « d'un certain âge », c'est-à-dire qui ont plus de 50 ans.

En France, Caroline Ida Ours @fiftyyearsofawoman est mannequin senior, c'est LA silver influenceuse par excellence, qui se bat pour donner de la visibilité aux femmes de plus de 50 ans. L'Américaine Iris Apfel @iris.apfel avait 102 ans et 2,6 millions de followers sur Instagram en 2023. Cette centenaire, architecte d'intérieur et ancienne décoratrice de la Maison-Blanche, s'est imposée comme icône de la mode ! Iran Khanoom @iran.khanoom, originaire du pays du même nom, a 94 ans au moment où j'écris ce livre. Cette mamie star d'Instagram a près de 280 000 abonnés sur la plateforme. Avec ses tenues et son style hauts en couleur, elle nous prouve que la mode n'a pas d'âge.

L'âgisme est donc un phénomène particulièrement cruel envers les femmes qui avancent dans l'âge, et on se rend compte que, à chaque étape de la vie d'une femme, on lui apprend à se détester, en lui donnant chaque fois une nouvelle raison de se haïr ! On ne peut pas enlever aux injonctions qu'elles sont créatives quand il s'agit de nous pourrir la vie. Mais vous savez quoi ? Les femmes sont encore plus créatives ! Même si ça prend du temps et que les voix peinent à se faire entendre parfois, elles sont bien là. Elles se rebellent contre ces diktats absurdes et archaïques pour vivre leur vie comme elles l'entendent et faire accepter leur corps, leur âge, leurs courbes, leurs seins qui pendent, leurs rides marquées. Elles sont là, et elles ne lâcheront pas !

MOOD BOARD

La série à regarder

- *Grace et Frankie* décomplexe et aborde les sujets liés à la vieillesse.

Un film (un peu controversé) à mater

Mignonnes, de Maïmouna Doucouré (2020), est un film qui dérange par le regard qu'il pose sur de très jeunes filles, mais qui a le mérite de questionner sur la façon dont elles sont hypersexualisées.

Les livres à lire

- *Sorcières* de Mona Chollet aborde notamment la place des vieilles femmes dans notre société (La Découverte, 2018).
- *Qui a peur des vieilles ?* de Marie Charrel, dénonce les injonctions liées à l'âge (Les Pérégrines, 2021).
- *Génération Silver : sans tabous ni limites* de Caroline Ida, déconstruit les tabous et l'injonction à la jeunesse (Kiwi, 2021).

Le compte Insta à suivre

@mskimhale qui, à 55 ans, danse le Broadway Jazz comme personne et normalise, à travers ses vidéos de danse endiablées, l'idée qu'on peut se mettre à la danse à n'importe quel âge !

Chapitre 3

HALTE AU BODY SHAMING !

Le body shaming, que l'on pourrait traduire par « humiliation corporelle » en français, désigne le fait de commenter de façon haineuse son corps ou celui d'une autre personne pour en dénigrer l'apparence : trop gros, trop maigre, trop ou pas assez musclé… C'est un phénomène qui existe depuis fort, fort longtemps, mais qui s'est largement répandu dans les années 2000.

D'après une étude menée par YouGov en 2019[1], 30 % des Français·e·s ont déjà été victimes de body shaming… Et ce chiffre s'élève à 55 % chez les 18-24 ans. Ce qui est frappant, quand on regarde ces résultats d'un peu plus près, c'est que la plupart des Européen·ne·s qui ont été victimes de body shaming ont été majoritairement humilié·e·s par des personnes de leur entourage. En premier lieu, on constate en effet que c'est au travail que le body shaming est le plus soutenu : dans 45 % des cas, ces critiques ont été proférées par des collègues de travail, dans 25 % des cas par des ami·e·s, et enfin, pour 19 % par la famille, souvent au prétexte que « c'est pour ton bien », mais surtout nourries par des diktats de beauté qui banalisent les réflexions inappropriées sur le corps des femmes.

Le body shaming, on n'y échappe pas !

Si l'entourage entretient une certaine pression sur le corps des femmes, le body shaming et le fat shaming (« humiliation des gros ») viennent de bien plus loin : ce sont des phénomènes que l'on dit systémiques – tout de suite les grands mots ! C'est-à-dire qu'ils touchent toute la société, tout le monde, dans toutes les sphères. Le body shaming s'exprime ainsi au quotidien, professionnellement, socialement, et même dans le milieu médical – surtout quand on est gros·se, on en reparlera page 88 –, notamment vis-à-vis des femmes. Il est largement banalisé, ce qui fait qu'on l'a intériorisé. Certaines situations nous semblent ainsi normales et anodines mais ne le sont en réalité pas du tout. On peut par exemple avoir l'impression que l'on n'est pas touché·e par le body shaming ou qu'on ne le pratique pas, alors que, en fait, eh bah si.

Par exemple « tu as pris un peu de poids, non ? » ou « cette robe te grossit un peu » sont des phrases que l'on peut entendre ou prononcer innocemment et sans mauvaise intention, alors qu'elles ont un effet destructeur et entretiennent la mésestime de soi et des complexes plus ou moins profonds. Elles sont toxiques. Et parce que ces phrases sont dites en toute décontraction, elles sont d'autant plus vicieuses. On ne les relève même pas spécialement, on ne s'en formalise pas sur le moment, mais on les digère, et on adapte nos comportements en fonction d'elles, de manière totalement inconsciente. On va regarder cette robe d'un autre œil et la laisser au placard. On va manger un peu moins, histoire de retrouver son «poids de forme» (voir page 82).

Réseaux sociaux et body shaming

Le body shaming est un phénomène qui a été largement porté par les réseaux sociaux. En effet, d'après un rapport du Haut Conseil à l'Égalité entre les femmes et les hommes (HCE)[2] publié en 2017, une fille sur cinq entre 12 et 15 ans rapporte avoir été insultée en ligne sur son apparence physique. Personnellement, je trouve ça effarant que ça arrive déjà aussi jeune. Mais peut-être que, finalement, les réseaux ne sont qu'un reflet des cours d'école dans lesquelles le harcèlement est déjà bien présent... La psychologue Maryline Hamon explique en effet que «beaucoup minimisent les moqueries et les insultes parce qu'à l'adolescence on dit que c'est normal, c'est un rite de passage que les camarades rient les uns des autres. Les ados sont tous en train de se regarder, de se comparer, de se critiquer pour essayer de se rassurer eux-mêmes par rapport à ce qu'ils voient chez les autres. [...] Sans oublier l'effet de groupe, qui amplifie le sentiment de droit de se moquer[3].»

Le problème supplémentaire avec le combo body shaming et réseaux sociaux, c'est que ça entraîne presque inévitablement du cyberharcèlement. Le harcèlement numérique (ou cyberharcèlement, donc) consiste à humilier de manière répétitive une personne par le biais d'un moyen de communication ou par voie électronique[4]. D'après une étude réalisée par e-Enfance, association de protection de l'enfance sur Internet, et la Caisse d'Épargne, les raisons du cyberharcèlement sont diverses et variées: la jalousie et la vengeance pour 45% des jeunes interrogés, mais aussi les différences de goûts et de comportements (38%), et enfin les différences physiques et de tenues vestimentaires (36%)[5].

(SIMONE) REAL LIFE

GANG DE (SIMONE)

« Quand, comme moi, on élève une fille dans un monde régi par le body shaming, il est important de créer une base primordiale : lui montrer que son corps est le sien, qu'elle est la seule à en disposer, à choisir et à émettre un avis dessus. Par exemple, elle sait que personne ne doit la toucher sans son consentement, peu importe la partie du corps. Nous ne l'obligeons pas à faire la bise, elle peut dire bonjour autrement. Lorsqu'elle veut mettre une robe pour être jolie, je lui rappelle que l'on n'a besoin de rien pour être belle, qu'elle l'est toujours, et que personne n'a le droit de lui dire le contraire – en tout cas, ça ne remet pas en cause sa vision d'elle-même. Et je lui rappelle aussi que ce n'est pas sa seule valeur !

J'essaie aussi de ne pas placer son corps, son poids, sa taille dans un contexte qui évoque que c'est un "problème". Comme "tu es trop grande, ce pantalon ne te va pas", mais plutôt "le pantalon est trop petit, maintenant". Certain·e·s diront que c'est jouer sur les mots, mais je suis sûre que nous avons banalisé la culpabilisation du corps pour qu'il s'adapte aux vêtements et aux normes, et non l'inverse.

Je veux lui montrer aussi que l'on peut être soi en tant que fille/femme sans correspondre aux images maquillées, épilées. Je n'ai aucun tabou sur le corps, elle peut poser toutes les questions qui lui passent par la tête. Par exemple, l'autre jour elle a vu mes poils de jambes et a fait une grimace, je lui ai donc dit que tout le monde en a, que ce n'est pas sale et que chacun·e fait ce qui lui plaît avec.

J'essaie aussi de lui choisir des vêtements dans lesquels elle est à l'aise, car trop de vêtements, surtout ceux des filles, entravent les mouvements, sont ajustés ou fragiles. Elle peut se salir, jouer dehors, ne pas être super bien habillée. Elle n'a pas à être jolie pour le bon vouloir des adultes. »

Théa, alias La Renarde Bouclée, illustratrice (de cet ouvrage !) engagée dans le mouvement body positive, une de mes meilleures amies et maman de ma filleule de 3 ans et demi.

Des conséquences dévastatrices

Plus d'une victime de cyberharcèlement sur dix déclare avoir cherché à se suicider, révèle un sondage Ipsos, qui précise : « L'impact est très violent chez les personnes victimes de cyberharcèlement : 41 % se sont senties déprimées, 17 % ont pensé au suicide et 16 % qu'elles méritaient ce qui leur arrivait[6]. » C'est d'autant plus le cas chez les jeunes, mais aussi chez les femmes et les minorités (personnes racisées, d'une certaine religion ou orientation sexuelle…). Autre problème : le cyberharcèlement et ses vagues de haine s'attaquent désormais aux plus jeunes et potentiellement aux plus vulnérables – en fait, même à 30 ans, on est vulnérable, mais j'imagine que c'est encore pire quand on a 15 piges et qu'on essaie de se construire tant bien que mal. Au collège et au lycée, le cyberharcèlement prend des proportions dramatiques. Il entretient en effet une vulnérabilité qui peut être catastrophique pour l'estime de soi et même nourrir la haine de soi, au moment où on cherche qui l'on est et où on forme la base de sa personnalité. Il faut bien évidemment mettre en place des solutions pour sensibiliser au cyberharcèlement dans les structures scolaires, mais il faudrait également s'attaquer à la source du problème : arrêter d'objectifier le corps des femmes d'une part, mais aussi éduquer les enfants autrement que dans un esprit de compétition malsain.

Si je vous dis tout ça, c'est pour vous faire prendre conscience que, si jamais ça vous arrive, vous êtes loin d'être seul·e ; ce n'est pas vous le problème. Certaines influenceuses (mais pas que) ont été victimes de véritables raids de propos injurieux, pouvant aller jusqu'aux menaces, à l'encontre de leur corps. Dans une vidéo en collaboration avec l'association de lutte contre le cyberharcèlement Cybersmile, l'influenceuse Chessie King a dénoncé la violence et l'absurdité des propos négatifs qu'elle reçoit quotidiennement[7]. Elle a ainsi partagé les messages qu'elle peut recevoir, et modifié ses photos en fonction de ces derniers à l'aide de Photoshop. Le résultat donne bien évidemment un physique totalement inhumain et disproportionné. Dès qu'on a un peu de notoriété sur les réseaux sociaux et pour peu qu'on montre un morceau de peau, on s'expose à ce genre de comportement violent.

J'ai toujours en tête une interview de l'actrice Olivia Wilde pour *Cosmopolitan* qui date de 2010[8]. Je ne suis pas spécialement d'accord avec l'ensemble des propos tenus dans ce papier, mais voici ce que j'ai gardé à l'esprit: «Le même jour, pour la même photo, on a dit de moi et que j'étais trop maigre, et que j'étais trop grosse: "Berk. Elle est moche et grosse. Et elle a de ces fesses!" Et le post d'après: "Hé, le squelette, faut manger! Tu es ridiculement maigre."» Moralité: peu importe ce que vous faites ou ce que vous êtes, on trouvera toujours à redire.

LE PETIT MOT DE MAMIE

On ne peut pas plaire à tout le monde, ma chérie!

Les commentaires désobligeants

En 2019, j'ai réalisé une vidéo pour Konbini sur le mouvement no bra, qui comptabilise 7 millions de vues (le mouvement no bra consiste à ne pas porter de soutien-gorge, soit pour des raisons de confort, soit militantes, afin de désexualiser la poitrine féminine – ou les deux, comme moi). Le problème, c'est que chez Konbini, ils te mettent des gros spots dans la face, et donc ça a donné un rendu très bizarre à ma peau. Perso, je me trouve hideuse, je ne me reconnais presque pas. J'évite de lire les commentaires, généralement, afin de me protéger, mais je me souviens d'une fois où je n'ai pas pu m'empêcher d'aller regarder ce qui se disait... Eh bien, j'ai été vite calmée. Le premier commentaire sur lequel je suis tombée était assez violent, je n'ai plus les termes exacts en tête – et pas envie de me farcir la haine pour le retrouver – mais voici en substance: «Il se passe quoi avec sa peau, là? Elle devrait vraiment faire quelque chose, et après elle pourra parler.» Et quand certaines personnes lui ont dit que c'était pas le sujet, il a insisté sur le fait que je devais absolument faire quelque chose, qu'il disait ça «pour moi» – quelle générosité.

J'ai eu des complexes sur ma peau pendant toutes mes années d'adolescence. Heureusement, comme je ne me reconnais pas sur cette vidéo et que je sais que les spots – de lumière, pas mes boutons, suivez un peu! – y sont pour beaucoup, j'arrive à prendre de la distance. Mais imaginez

YES
SHE CAN

LES RECOURS FACE AU CYBERHARCÈLEMENT

Sur les réseaux sociaux et sur la Toile de manière générale, certain·e·s se sentent tout-puissants, intouchables. Pourtant, « le cyberharcèlement est puni de deux ans d'emprisonnement et de 30 000 euros d'amende ; si la victime est un mineur de moins de 15 ans, les peines sont de trois ans d'emprisonnement et de 45 000 euros d'amende[9]. »
La liste suivante donne quelques recours si vous en êtes victime.

1. N'invalidez pas vos propres émotions : si vous vous sentez mal, c'est qu'il y a une raison, vous êtes en souffrance et c'est légitime.

2. Parlez-en à quelqu'un de confiance ! C'est le plus important. Et si on vous répond que c'est pas grave, parlez-en à quelqu'un d'autre. Certaines personnes ne prennent pas la mesure de la violence du harcèlement en ligne.

3. Ne cherchez pas spécialement à répondre, *haters gonna hate*, et ils vont se délecter de vos réponses et surenchérir. Ils n'ont rien à perdre, vous, si : votre santé mentale.

4. Ne lisez pas les messages et commentaires injurieux à votre encontre, demandez à une personne de confiance de faire à votre place des captures d'écran, de conserver des preuves et de signaler les propos insultants sur les applications et sites sur lesquels vous êtes victimes de cyberharcèlement.

5. Vous pouvez signaler ces agissements sur internet-signalement.gouv.fr

6. Vous pouvez porter plainte en vous rendant au commissariat de police.

7. Consultez un·e psychothérapeute pour vous accompagner ou appelez le numéro gratuit et anonyme dédié au cyberharcèlement : le 3018. Ne restez pas seul·e.

un peu si j'avais toujours ces complexes et si je n'avais pas « l'excuse » des spots pour me rassurer… Ça m'aurait plombée pendant des semaines. Ce que je ne m'explique toujours pas, c'est le but, le projet de ces personnes qui pensent ces horreurs/les écrivent/appuient sur « envoyer le message ». Comment en arrive-t-on à de tels états de frustration qui nous poussent à déverser notre haine sur des inconnu·e·s de cette façon ? La question de l'anonymat sur Internet et l'impunité sont bien évidemment des éléments de réponse, mais je suis persuadée que si l'on objectifiait moins le corps des femmes, si on ne les réduisait pas qu'à leur physique, si on ne pensait pas qu'on pouvait les critiquer à tout bout de champ, on n'en arriverait pas à de tels accès de haine, à un acharnement aussi violent à leur encontre.

C'est ce que Marion Séclin déplore, elle-même victime de cyberharcèlement – l'ironie de l'histoire, c'est que la vague de harcèlement qu'elle a subie a fait suite à une vidéo sur le harcèlement de rue. Elle explique : « Ma théorie ? Je suis une femme, donc malheureusement élevée pour être jolie et plaire aux hommes. Pour plein de gens, s'en prendre à mon apparence, c'était me toucher en plein cœur[10]. »

Les challenges TikTok complètement absurdes et dangereux

TikTok est la plateforme favorite des jeunes, en ce moment. Et ce qui a fait sa renommée, ce sont les challenges. Parfois, ils sont drôles, parfois, ils sont carrément dangereux et perpétuent une culture de la maigreur extrêmement malsaine.

C'est le cas du #EarphonesWaistChallenge. Le but ? Faire deux fois le tour de sa taille avec des écouteurs filaires pour montrer qu'elle est fine et qu'on a le ventre plat. En gros, si vous arrivez à en faire deux fois le tour, vous êtes bonne, sinon, vous êtes… bonne à rien. Ce challenge a été banni une première fois en 2021, mais il a refait surface à la fin de l'année 2022. C'est coriace, le culte de la minceur… D'autres challenges, tout aussi dangereux, ont vu le jour sur la plateforme, notamment Ozempic ou Saxenda. Derrière ces noms se cachent des médicaments prescrits sur ordonnance pour lutter contre le diabète de type 2… mais qui auraient aussi des vertus amincissantes. Un petit relent de Mediator* ? La trend TikTok consistait ainsi à poster des vidéos de soi en train de s'injecter ces substances censées faire maigrir. Les médecins sont montés au créneau et ont fait part de leurs inquiétudes, car les effets secondaires ne sont pas sans conséquences – et cela pose un problème d'approvisionnement des médicaments pour les patients souffrant de diabète et ayant réellement besoin de se soigner. Ces défis sont vraiment dangereux et véhiculent encore et toujours l'idée qu'il faut maigrir et être ou rester mince, quoi qu'il en coûte.

Les magazines people et le body shaming

Mais les réseaux sociaux n'ont rien inventé, le body shaming et le lynchage sur la place publique existaient bien avant leur apparition… Et ils étaient déjà bien installés en couverture et dans les pages de nos chers magazines people ! Mais si, vous savez, ces photos de stars surprises sans maquillage, les gros zooms sur la cellulite, cernes ou autres vergetures, les propos dénigrants au sujet de la prise de poids d'une célébrité (même après une grossesse)… Bref, les magazines people ne sont pas tendres avec le corps des femmes, et les photos volées d'un bout de fesse molle ou d'un bourrelet se vendent à prix d'or. Le message : d'une part, c'est moche, et, d'autre part, on ne doit surtout pas ressembler à ça. Regarder ces stars qui, lorsqu'elles daignent sortir sans le moindre artifice et en mode nature peinture, se font purement et simplement humilier, ça ne donne pas envie de subir le même sort. Cela nous apprend par ailleurs que c'est carrément OK d'accabler quelqu'un lorsque son physique ne correspond pas aux standards de beauté. En effet, si les médias se permettent de le faire aussi effrontément et en toute impunité, pourquoi on devrait agir différemment, à notre échelle ?

« On se lève et on se casse »

Ma coloc ne correspond pas aux standards de beauté actuels : elle est grosse. Il y a quelque temps, elle m'a raconté qu'un type qu'elle avait rembarré avait commencé à s'agacer, lui lançant, piqué dans son orgueil : « Tu sais, c'est dommage, t'es tellement belle, si tu perdais du poids tu serais

YES SHE CAN

LES TIPS ANTI-BODY BASHING

Le body bashing, c'est le body shaming… envers soi-même. Si ça vous parle, voici quelques trucs pour commencer à se débarrasser de ce réflexe qui nous enferme dans un schéma d'autodépréciation.

Tip n° 1 On s'interdit (ou presque) de commenter et de critiquer le corps des autres. On adopte une position neutre : ça ne nous regarde pas.

Tip n° 2 De là, on n'aura plus vraiment de raisons de se comparer.

Tip n° 3 On essaie d'adopter le body neutrality, un regard neutre vis-à-vis de son corps et de celui des autres. C'est-à-dire que, si on n'a rien de gentil à dire/à penser, on se garde bien de l'ouvrir. On ne cherche pas à faire à tout prix du body positive, on s'abstient simplement d'émettre un jugement. Et si on se surprend à avoir une pensée malveillante à son propre sujet ou au sujet des autres, on en détourne son esprit pour ne pas l'entretenir.

Petit à petit, comme notre regard sur le corps des autres se transformera, il changera progressivement sur notre propre corps et on arrêtera (ou du moins on le fera de moins en moins) de se commenter et de s'autocritiquer.

À vous : passez l'autodénigrement au Kärcher !

Transformez vos pensées dévalorisantes en formules neutres, voire essayez d'en tirer un bénéfice. Prenons un exemple :

- Si vous pensez : « J'ai vraiment une sale gueule, aujourd'hui. »
- Essayez de reformuler votre pensée sans vous dénigrer, sous forme d'une simple information : « J'ai l'air fatiguée, ce matin. »
- Réfléchissez ensuite à une manière de changer la donne qui soit foncièrement bénéfique : « Ce soir, ce sera repos avec un bouquin. »

À force d'éradiquer les phrases réflexes, on se recentre sur le principal : nous-même par rapport à nous-même.

vraiment parfaite.» Bien qu'elle ait beaucoup confiance en elle, elle s'est trouvé ébranlée par cette attaque sur son physique, je l'ai bien remarqué. Et ce n'est pas la première fois que ça lui arrivait… C'est pareil pour moi, mais parce que je suis maigre paraît-il – je ne suis pas d'accord avec ce postulat.

Ainsi, une fois, un ami d'ami que je ne connaissais quasiment pas m'a sorti que je serais tellement plus belle si j'étais un peu plus grosse – pas trop, quand même, faut pas déconner. Et puis il en a rajouté une couche et m'a chuchoté à l'oreille: «Allez, mange un peu, prends du poids et je pourrai sortir avec toi» – comme si j'avais envie de me taper un tocard pareil. Je n'ai pas réagi, et je m'en veux encore aujourd'hui. Pendant des semaines, suite à cet incident, je me suis sentie mal dans ma peau.

Alors que je racontais ça à une amie, elle s'est insurgée: «Mais pourquoi tu laisses les gens te manquer de respect comme ça?» Un an plus tard, il est arrivé à deux reprises que des gens me fassent des réflexions. La première fois, un mec que je ne connaissais pas m'a traitée de «planche à pain» devant une dizaine de personnes. Je lui ai répondu, dans le plus grand des calmes, que lui devait probablement avoir une petite bite. Il s'est vexé comme un pou – *touché*. Un mois après, je suis avec des ami·e·s, et l'une d'entre elleux commence à critiquer ma poitrine, encore. Je lui demande d'arrêter, elle n'écoute pas et devient de plus en plus méchante. Lasse de lui répéter de stopper son acharnement, je me suis levée, j'ai pris mes affaires et je suis partie. C'était assez violent, je ne vous le cache pas. Mais, au moins, je n'ai pas complexé sur mon corps après ces deux incidents. Je n'aime pas critiquer les gens ouvertement et encore moins faire des esclandres. Mais désormais, quand on m'attaque, je me défends.

J'ai conseillé à ma coloc de faire pareil, d'écrire à ce mec que ce n'était pas OK qu'il se permette de lui faire des réflexions sur son corps, qu'elle n'était pas là pour lui plaire, que s'il était pas content c'était pareil et qu'il devrait plutôt se regarder dans un miroir au lieu de commenter le corps des autres, parce qu'il était loin d'être parfait. Le soir même, elle se sentait déjà mieux. Alors voilà, je sais que ce n'est pas évident, et c'est quelque chose qu'il faut faire seulement quand on se sent en sécurité – parfois il vaut mieux se barrer en courant ou ne rien dire, c'est à vous d'en juger. Mais après coup, parfois, ça aide vraiment de prendre position pour soi.

YES SHE CAN

LES LIGNES ROUGES ANTI-RELOUS

Poser ses limites face au body shaming n'est pas évident, mais c'est important ! Tout le monde n'a pas la repartie pour envoyer bouler de façon cinglante cellui qui balance une sale réflexion. Cependant, vous pouvez au moins essayer d'ouvrir le dialogue et de faire remarquer que ce n'est pas OK. Et il vaut mieux se préparer pour être armée et ne pas risquer de se trouver désarçonnée et de rester comme deux ronds de flan.

Pour commencer, identifiez les réflexions qui reviennent de façon récurrente de la part de votre entourage. C'est le premier pas pour poser ses limites.

En amont, réfléchissez et notez ce que vous aimeriez répondre à ces réflexions, dans un monde idéal.

Ensuite, adaptez vos réponses en fonction de ce que vous vous sentez réellement capable de répondre dans la réalité.

N'oubliez pas : vous n'avez pas besoin d'être blessante pour faire passer un message. Et ne vous en voulez pas si vous n'arrivez pas à dire quoique ce soit, pas de pression ! Prenez le temps…

Ça forge la confiance en soi. Ça force l'estime de soi. Ça tient donc les complexes à distance.

Là où je veux en venir aussi avec ces histoires et cette conversation avec ma coloc, c'est qu'en fait, qu'on soit grosse, maigre, moche ou belle – selon les standards de beauté actuels –, qu'on corresponde aux critères de beauté ou non, il y aura toujours quelqu'un pour vous critiquer. C'est en ça que le body shaming est insidieux, on n'est jamais « suffisantes ». Perso, quand j'ai compris ça, ça m'a beaucoup aidée à lâcher prise et à commencer à faire les choses pour moi.

En somme, le body shaming est omniprésent. Il est donc très difficile d'y échapper, et encore plus de s'en détacher. Mais ce n'est pas impossible. La seule chose qu'il faut garder à l'esprit, c'est que si on n'y arrive pas, ce n'est pas de notre faute. Je me répète, mais on n'est pas aidées, dans cette société ! Prendre conscience de la prégnance du phénomène, c'est déjà bien, c'est le premier pas. Le suivant, c'est de cultiver la bienveillance à l'égard des autres – c'est plus facile, on est généralement plus indulgent avec les autres qu'avec soi-même… Chaque fois que le body bashing prend une claque, le body shaming la ressent ! Et c'est tout ce qu'on veut. Ensuite, apprendre à se tolérer, s'accepter, et pourquoi pas s'aimer ? Le Saint-Graal ! Mais c'est un combat de tous les jours, de tous les instants, les attaques sont constantes, alors on ne peut pas toujours être au top pour se battre, et c'est OK. On peut se contenter de rester neutre et de ne plus se laisser rabaisser. Foutez-nous la paix et fou-tons-nous-la-paix !

MOOD BOARD

Les vidéos YouTube à regarder

La série *Cher corps* sur la chaîne de Léa Bordier évoque notre rapport au corps, et c'est passionnant.

Les comptes Insta à suivre

- @thebodyoptimist, c'est le compte qui dénonce le sexisme et les injonctions de toutes sortes que les femmes subissent.
- @celestebarber met en scène de façon hilarante les absurdités du culte du corps parfait et idéal ; un régal.
- @danaemercer milite pour le body positive et poste des photos naturelles qui aident à dédramatiser et à banaliser le corps de la vraie vie.

Les films feel good à (re)mater

- *Little Miss Sunshine* (Jonathan Dayton et Valerie Fari, 2006) dénonce les dérives du culte de la beauté lors des concours de beauté aux États-Unis.
- On reste dans les concours de beauté avec *Dumplin'* (Anne Fletcher, 2018), un film – très léger, je vous préviens – mettant en scène une adolescente grosse qui participe à un concours de beauté organisé par sa mère (jouée par Jennifer Aniston) obsédée par son corps et la minceur.

Chapitre 4

DE LA DIET-CULTURE À LA GROSSO-PHOBIE, IL N'Y A QU'UN PAS

La dietculture, en français, c'est la « culture des régimes », et notre société en est imprégnée. Elle consiste à prôner les régimes comme étant quelque chose de positif. Ceux-ci nous permettraient d'atteindre un idéal de beauté : un corps mince. La réalité, cependant, n'est pas si rose : la dietculture entretient le culte de la minceur et cette croyance que notre apparence est plus importante que notre bien-être mental et physique.

S'il est compliqué de savoir si le body shaming puise son origine dans le culte du corps parfait ou plutôt s'il fait le lit du culte de la minceur, ce qui est certain, c'est qu'ils sont intrinsèquement liés. La dietculture nourrit le body shaming tandis que, s'il n'y avait pas de body shaming, la dietculture n'aurait pas lieu d'exister… Hé, la société, si tu m'entends, il faut arrêter de contrôler le corps des femmes jusqu'à leur dire quoi mettre dedans.

Alors attention, on n'est pas là pour prôner la malbouffe, qui peut avoir des conséquences sur la santé. Mon objectif est plutôt là d'exposer les dérives et l'hypocrisie qui entourent parfois le rééquilibrage alimentaire. Il y a une différence entre dire « la malbouffe, c'est mauvais pour la santé parce que ça donne des maladies », et dire « c'est mauvais pour la santé parce que vous allez devenir grosse, et être grosse, c'est mal ». Vous suivez ma logique ?

Mange tes morts, la dietculture !

Je fais partie de cette génération qui, à l'adolescence, a vu les mères suivre assidûment les programmes WeightWatchers, dont les listes « d'alliés minceur » étaient placardées sur les frigos. Et puis les régimes ont pris un petit coup de pelle dans les années 2010, quand on a réalisé que certains d'entre eux étaient en fait dangereux, comme ceux qui vous font vous gaver de viande et qui vous flinguent les reins, par exemple. Et, la vérité, c'est que ces régimes ne fonctionnent pas, ou bien seulement pour une durée limitée. Ce qui est logique, comme l'explique le docteur Arnaud Cocaul, spécialiste de la nutrition, car « notre corps est programmé depuis très longtemps pour s'adapter à des périodes de disette. Il n'est pas passif : il réagit quand la prise de nourriture est brutalement réduite ou modifiée[1] ». Autrement dit, quand le corps a peur de manquer, il fait des stocks !

Paye ta stat'

« On observe 95 % d'échecs des régimes au bout de cinq ans et, à échéance d'un an, huit sujets sur dix ne maintiennent pas une perte de poids de 10 %[2]. »

Alors, si les régimes ne fonctionnent plus, on s'en débarrasse et *basta* ? Dans une société où les injonctions sur le corps des femmes sont aussi fortes et nombreuses, c'est impensable. Alors oui, d'une certaine façon, on a mis les régimes à la poubelle… mais il leur fallait bien un remplaçant, j'ai nommé le mode de vie « healthy ». On a ainsi créé le rééquilibrage alimentaire, pour vous apprendre à manger mieux, sur la durée, sur le long terme. En gros, on vous met au régime tout le temps. Le rééquilibrage alimentaire, l'alimentation « raisonnée », comme on peut la nommer désormais, ce n'est ni plus ni moins qu'un régime en CDI.

Ce glissement des « régimes » au « rééquilibrage alimentaire » pose plusieurs problèmes que je vais développer dans ce chapitre, et notamment :

- Ça véhicule l'idée qu'on est en bonne santé quand on est mince et en mauvaise santé quand on est gros·se, ce qui est inexact. Être mince n'est pas un gage de bonne santé.
- Et que si on est gros·se, c'est nous qui sommes en faute, on avait qu'à se contrôler et faire preuve de discipline – en somme, se restreindre avec la nourriture –, ce qui est faux.
- Ça uniformise les corps et crée des standards de beauté inaccessibles – notamment pour des raisons génétiques – pour la plupart d'entre nous.
- Ça normalise et banalise le fait de s'affamer, ce qui est dangereux.

GANG DE (SIMONE)

Qu'est-ce que les kilos émotionnels?
On parle de kilos émotionnels lorsqu'une personne va prendre du poids en s'alimentant pour répondre, compenser ou éviter des émotions. Ces émotions peuvent être joyeuses ou négatives. Certaines personnes mangent quel que soit le type d'émotion, et d'autres vont manger essentiellement pour éviter de se confronter à des émotions négatives. Les kilos émotionnels ne sont ni bons ni mauvais. Dans certains cas, l'alimentation est une béquille, et tout va bien. Pour d'autres personnes, l'usage de cette béquille est trop fréquent et le résultat peut en être une prise de poids qui devient inconfortable pour la personne.

C'est quoi le problème avec le fait de vouloir maigrir coûte que coûte?
Quand on veut maigrir à tout prix, on est prêt·e à faire tout et n'importe quoi et on devient presque une proie et une victime potentielle de prétendues méthodes radicales magiques, de gourous, de gens qui font du business autour de ce diktat de la minceur dans notre société occidentale – et principalement en France. On entre alors dans un cycle de restriction intense, de lâchage, de «yo-yo», et les femmes vont bien souvent se perdre dans leur enveloppe corporelle parce qu'elles ne sont jamais suffisamment «bien».

Manger en se faisant plaisir, c'est possible?
Il faut comprendre que manger est censé délivrer du plaisir. Le problème, c'est que celui-ci est bien souvent très fugace, tout de suite rattrapé par la culpabilité – difficile d'y échapper quand on nous répète tout le temps qu'il faut se contraindre à des régimes pour maigrir absolument. Il faut apprendre à traiter le fait de manger autrement que par la défiance. Et c'est normal que le plaisir ne soit pas infini. Une fois qu'on a atteint le point de félicité, le plaisir diminue et, si on continue à manger, ça finit par provoquer de l'écœurement et du dégoût. Devenir acteur·ice de ce qui se passe dans son corps et dans sa tête permet d'être à l'aise avec le fait d'avoir pris du plaisir en mangeant.

Laurence Haurat, psychologue et nutritionniste. Elle œuvre à la pacification du rapport qu'entretiennent les femmes (de tous les âges) à leur corps, leur poids et/ou leur alimentation. Sur Insta: @la_psy_des_kilos.

Quand on y regarde de plus près, tout comme les régimes, le rééquilibrage alimentaire et le «mode de vie sain» sont en effet un moyen de nous discipliner et de nous inculquer qu'il faut qu'on ait le contrôle sur notre alimentation. Ils nous imposent cette idée constante qu'il faut «faire attention». Parfois, aussi, ils se cachent derrière un aspect santé qu'ils ne servent pas du tout. OK, le rééquilibrage alimentaire est pertinent et même d'utilité publique lorsqu'il s'agit d'éduquer à l'alimentation, pour savoir composer son assiette d'aliments qui répondent à nos besoins nutritionnels et nous gardent en bonne santé. N'empêche, quand on voit que certaines personnes promouvant le rééquilibrage alimentaire vont jusqu'à inciter à supprimer toutes formes de glucides, purement et simplement, on peut se poser des questions.

Parce qu'on entend si souvent dire en ce moment que les glucides, c'est mauvais, et pourtant, quand on se penche sur la nourriture des centenaires qui vivent dans les zones bleues – ces endroits où la concentration de centenaires est la plus forte –, on découvre que, en fait, des glucides, ils en consomment, et que c'est important. Dan Buettner, auteur et chercheur expert des zones bleues, explique ainsi que: «Le modèle alimentaire de la zone bleue est composé à 98% d'aliments d'origine végétale, soit à base d'aliments entiers et riches en glucides complexes. Vous dites les glucides et les gens sont horrifiés, mais les aliments les plus sains de notre système alimentaire sont des glucides complexes[3]». Et il ajoute ceci, qui me semble très intéressant: «Ils [les centenaires] ne comptent pas les calories, ne prennent pas de vitamines, ne pèsent pas les grammes de protéines et ne lisent même pas les étiquettes. Ils ne restreignent pas leur consommation de nourriture – en fait, ils célèbrent avec de la nourriture[4].»

Dans cette course effrénée à la minceur et au corps parfait, on en oublie parfois le principal: que la nourriture est un carburant. Mais aussi, et ça me paraît vraiment important, que c'est une source de plaisir non négligeable…

Focus sur le grignotage

Depuis toujours, j'entends dire et redire qu'il ne faut pas grignoter. Que c'est le pire, en gros. Comme tout le monde, je suppose: qui ne se sent pas coupable en «grignotant»? Alors je ne vais pas vous dire qu'il faut le faire, mais il est toujours important de remettre les choses dans leur contexte et de sortir de la culpabilisation permanente qui pèse sur le contenu de notre assiette. Sachez donc, par exemple, que, pour certaines personnes, manger sera une alternative bien plus saine à fumer. Ou même à s'affamer. En effet, peut-être que les grignotages proviennent parfois du fait qu'on ne mange pas à notre faim pendant les repas, par peur de grossir. On a donc besoin de grignoter, enfin, appelons plutôt un chat un chat, on a besoin de manger, parce qu'on a faim... Pourtant, à aucun moment le «rééquilibrage alimentaire» ne sera mis en cause et identifié comme source du grignotage, alors que ça pourrait être tout à fait pertinent. Eh oui, les restrictions se cachent sous plein de noms très propres sur eux, à l'air très «scientifiquement prouvé» et surtout hyper-culpabilisants, comme, au hasard, addictions au sucre, à la malbouffe, à la bouffe tout court...

Or, «la restriction cognitive conduit à des troubles du comportement alimentaire, une courbe de poids en yo-yo avec, à moyen terme, une prise de poids, une baisse de l'estime de soi entraînant la dépression et des troubles de la personnalité[5].» Les injonctions à la beauté, la dietculture et leur corollaire, le body shaming, ont pour conséquence de rendre notre relation à la nourriture très problématique et parfois même dangereuse pour notre santé.

Les dérives de la dietculture

Disclaimer! Si effectivement on présente des comportements troublés et obsessionnels qui s'apparentent à des troubles du comportement alimentaire (TCA), il faut se faire aider par un professionnel de santé – et pas suivre des conseils daubés sur YouTube, Instagram ou encore dans un magazine féminin, ultra-généralistes et pas du tout adaptés à notre profil.

L'orthorexie

L'orthorexie est l'une des conséquences de la dietculture. C'est une obsession que l'on développe pour adopter l'alimentation la plus saine et correcte possible (c'est le sens de sa racine grecque *ortho*). Ce trouble a un impact négatif sur la santé émotionnelle. Il entraîne en effet une inquiétude constante du manger sain, une panique et un rejet total de la nourriture considérée comme mauvaise. On peut dès lors adopter des régimes très

LES ROLE MODELS BADASS POUR EMBRASSER LA DIFFÉRENCE

Les role models, ce sont ces célébrités, actrices, sportives ou ces personnes de notre entourage que l'on prend pour exemple, auxquelles on a envie de ressembler et, surtout, auxquelles on s'identifie. Personnellement, je suis de la génération Britney Spears et Christina Aguilera, en matière de diktats de beauté et d'hypersexualisation, c'est pas fameux. Peut-être qu'avec d'autres role models, un peu plus naturels, plus indulgents avec la différence, qui nous ressemblent plus, on n'aurait pas cultivé une telle haine de notre physique…

Je vais vous donner quelques exemples de role models plus body friendly, et je vous invite à fouiner de votre côté pour trouver des personnalités qui vous inspirent.

Serena Williams

La star du tennis qui a énormément été critiquée pour son corps « trop » musclé. Dans une publication Instagram, elle écrivait ceci : « Je regardais ma fille (OMG, oui, j'ai une fille) et elle a mes bras et mes jambes ! Exactement les mêmes bras et le même corps forts, musclés, puissants, sensationnels. Je ne sais pas comment je réagirais si elle devait vivre ce que j'ai vécu depuis l'âge de 15 ans et encore aujourd'hui… »

Demi Lovato

L'acteur·ice a révélé avoir eu des troubles du comportement alimentaire et a partagé, une fois guéri·e, dans un post Instagram: « *Fun fact*: toute ma vie, j'ai détesté mes petits seins et lorsque je me suis enfin débarrassé·e de mes TCA et que j'ai mangé ce que je voulais, j'ai enfin eu les seins que je voulais. »

Ashley Graham

La mannequin grande taille, qui a posté des photos d'elle enceinte, montrant ses vergetures, et notamment déclaré après sa grossesse: « Je me disais: "J'étais un sex-symbol, et maintenant je suis une machine à faire des bébés et j'ai des vergetures jusqu'au nombril. Qu'est-ce qui se passe?" Puis, un jour, je me suis arrêtée et j'ai pensé: "Va te faire foutre, c'est ma vie, c'est mon corps." »

Andie MacDowell

L'actrice raconte qu'« un jour, une journaliste [lui] a demandé ce que ça faisait de ne plus être belle. [...] Elle était plus jeune et s'était construite avec des stéréotypes qu'elle véhiculait à son tour, sans même s'en rendre compte. » Si Andie assume désormais totalement son âge et ses cheveux gris – « C'est avec cette nuance grise que je me sens belle et à l'aise » –, cela n'a pas toujours été simple pour l'actrice: « Il était difficile de m'accepter car la société ne cessait de me dire que j'étais périmée, que je ne valais plus rien, que mon pouvoir de séduction était un lointain souvenir ».

À vous!

Qui vous prendriez comme role model badass aujourd'hui?

....

restrictifs (très pauvres en graisses, glucides...), mettre en place des rituels et bien sûr éviter les aliments qui ne sont pas considérés comme «bons» ou «sains», abuser des cures détox et de «purges» en tous genres. Tout ça peut être source de stress immense, mais aussi conduire à l'anorexie mentale et autres TCA.

Les troubles du comportement alimentaires (TCA)

Je ne vais pas vous dire ici comment on se débarrasse des troubles du comportement alimentaire. Je ne suis pas qualifiée pour ça. Non, pour ça, il faut absolument consulter un·e spécialiste, médecin traitant et psychiatre. Si vous souffrez de TCA, faites-vous aider. Vous êtes loin d'être seul·e, il n'y a aucune honte à avoir, vos troubles sont légitimes.

D'après le site du CHU de Nantes, un trouble du comportement alimentaire «peut être défini comme une perturbation de la relation à l'alimentation, altérant de façon significative la santé physique comme l'adaptation psychosociale. Ces troubles surviennent principalement chez les adolescentes ou jeunes femmes, mais peuvent également survenir chez les personnes de sexe masculin ou chez les enfants proches de la puberté[6].»

LE PETIT MOT DE MAMIE

Ma puce, ta santé mentale est plus importante que le numéro sur l'étiquette de ton jean.

Vous avez noté que «les TCA sont surtout présents chez les jeunes femmes»? Ça vous étonne, vous, compte tenu de la pression exercée sur les corps des femmes? Bref. Reprenons.

Les TCA sont divers et variés. On peut souffrir d'anorexie mentale, de boulimie nerveuse ou encore d'hyperphagie boulimique (*binge eating*). La liste n'est évidemment pas exhaustive, mais il s'agit là des principaux troubles du comportement alimentaire.

- Dans le cas de l'anorexie mentale, le but est de perdre du poids de manière significative et par tous les moyens: restrictions alimentaires, vomissements provoqués, prise de laxatifs... Quitte à mettre sa santé en danger (dénutrition...). Les personnes atteintes d'anorexie souffrent aussi de dysmorphophobie, une vision déformée de leur corps, elles n'ont donc pas conscience d'être maigres.

- Dans le cas de la boulimie nerveuse, on ingère des quantités astronomiques de nourriture en un temps limité, de manière compulsive ou ritualisée. La crise de boulimie sera alors compensée par des vomissements, la prise de laxatifs, de diurétiques...
- Dans le cas de l'hyperphagie boulimique, il s'agit de la même chose que la boulimie, sans les comportements compensatoires.

La course à la minceur, les corps maigres et minces ne sont donc pas nécessairement synonymes de « bonne santé », contrairement à ce qu'affirment trop souvent, et aveuglément, les programmes de « modes de vie healthy » et compagnie.

Paye ta stat'

- **L'anorexie mentale, la boulimie et l'hyperphagie se déclenchent souvent entre 14 et 17 ans (l'hyperphagie boulimique pouvant se déclencher aussi après 20 ans).**
- **La prévalence* de l'anorexie au cours de la vie serait de 1,4 % chez les femmes et de 0,2 % chez les hommes[7].**
- **Elle concerne à 90 % des jeunes filles, les hommes représentent seulement 10 % des patients anorexiques.**
- **L'anorexie est la maladie psychiatrique avec le taux de suicide le plus élevé[8].**
- **1,5 % des jeunes de 11-20 ans souffrent de boulimie[9].**

Dietculture et réseaux sociaux

La dietculture est entretenue par de nombreux·euses fitgirls, coach sportif·ive·s et influenceur·eus·es sur Instagram et a été poussée à son paroxysme pendant le confinement de 2020. Alors, certes, rester assise ou allongée, ce n'est pas bon pour la santé. Il faut dire aussi que bouger un peu chez nous, c'était l'une des seules choses qu'on avait encore le droit de faire et qui nous permettait de garder un semblant de santé mentale. Mais ça allait plus loin que ça. Il y avait une pression exercée par la Toile, sous couvert de préserver sa santé mentale, pour nous faire comprendre l'importance de ne pas s'empâter et donc de se mettre au sport pour ne pas prendre de poids. Parce que l'injonction est là, tapie dans l'ombre, sournoise: prendre du poids, c'est mal, l'éviter, c'est la priorité. Et comme on ne sortait plus et qu'on avait du temps, on n'avait plus d'excuse pour ne pas (re)prendre le contrôle sur notre corps. Bande de feignasses, va!

LE PETIT MOT DE MAMIE

Ton corps ne fait pas ta valeur, ma choute.

Je ne vous apprends rien si je vous dis que la solitude et le manque de stimulation n'aidant pas, on est nombreuses à ne pas avoir réussi à s'astreindre à des programmes de gym et autre yoga autant qu'on nous le conseillait – vivement. Pendant le confinement, et le reste du temps. Notamment parce que ça représente une charge mentale énorme et que c'est impossible d'être aussi constante. Mais évidemment, quand on n'y arrive pas, on culpabilise quand même de ne pas réussir à se discipliner. On a le sentiment d'échouer lamentablement, alors que toutes ces meufs sur Insta, ces meufs a priori comme vous et moi, elles, elles parviennent à tout gérer. On a l'impression qu'elles sont toujours motivées pour faire du sport, elles ont le temps de se préparer à manger, elles kiffent leur açaï bowl sans jamais songer à s'enfiler un pot de pâte à tartiner et deux boîtes de cookies – en revanche, elles savent exactement quelle portion de haricots et de riz elles doivent manger. Elles, elles y arrivent, et pas nous. Elles doivent donc être plus intelligentes, mieux organisées, elles ont sans doute plus de volonté et, surtout, elles sont moins grosses. À côté, comment ne pas avoir l'impression d'être complètement naze, une moins que rien?

GANG DE (SIMONE)

Arrêtons
de supposer
de la santé physique
des femmes
en se basant
sur l'apparence
de leur corps.

Laurence Haurat, psychologue et nutritionniste

Cela engendre ainsi une forte baisse de l'estime de soi, on se sent nulle parce qu'on croit perdre le contrôle.

Mais hé, stop, *relativisacionne* – à prononcer avec l'accent espagnol : en réalité, ces meufs sur Insta, c'est leur métier. Elles sont payées pour avoir « un mode de vie sain » – et gardons bien en tête que cette notion est relative. En réalité, sur Insta, on ne partage bien souvent que le positif, et c'est humain, on n'a pas envie de montrer ses « moments de faiblesse », de doutes, ses échecs, encore plus face à des centaines de milliers voire des millions de personnes. Il faut donc RE-LA-TI-VI-SER, Instagram, ce n'est pas et ce ne sera jamais la réalité.

Le rapport au sport

Le sport, on nous dit que c'est important parce que c'est un des leviers qui peut aider à être en meilleure santé, tant physique que mentale. Or, à trop se focaliser sur les objectifs esthétiques, on oublie souvent d'insister sur l'impact bénéfique que le sport peut avoir sur la santé mentale.

Ce n'est pas étonnant, puisque « sport » rime avec « souffrance » – pas littéralement, vous aurez remarqué… Il n'y a rien de mal à avoir envie de modeler son corps selon ses propres envies (et pas celles de la société) et en respectant sa morphologie, ne me faites pas dire ce que je n'ai pas dit. Mais si ça devient une souffrance, quel est l'intérêt ? Dès qu'on prononce le mot « gym », par exemple, perso, j'imagine tout de suite une salle de sport austère, et ça me donne moyennement envie d'en pousser les portes pour pousser de la fonte pour faire fondre de la graisse… C'est carrément démotivant. La dietculture – et probablement un peu l'école, aussi – ont complètement pété notre relation à l'activité physique. Parce que, en réalité, rien n'empêche de pratiquer un sport pour s'éclater.

Et s'il peut être un allié pour la perte de poids, très bien, mais c'est très réducteur ! Il y a plein d'autres aspects à prendre en compte et de bonnes raisons d'en pratiquer. Voici une petite liste non exhaustive de tout ce que le sport peut engendrer :

- le stress diminue ;
- le sommeil s'améliore ;
- on est fatiguée mais c'est de la bonne fatigue ;

(SIMONE)
REAL
LIFE

YES SHE CAN

LE GRAND TRI DES COMPTES TOXIQUES POUR AMÉLIORER SON ESTIME DE SOI

Il y a un effet submergeant avec les réseaux sociaux, tant le contenu que l'on consomme est dense. C'est un effet de groupe revisité, qui peut donner la sensation d'être acculée. Peut-être que ça ne sera pas un compte en particulier qui vous fera vous sentir mal, mais ce compte + un deuxième + un troisième. L'addition du contenu peut vous péter le moral et votre estime de soi. Alors prenez cinq minutes et faites du tri.

Bye-bye les comptes trop parfaits

Virez tous les comptes dont le contenu vous fait vous sentir coupable de ne pas être suffisamment ceci ou trop cela. Il y a plein d'influenceuses que j'adore, mais j'ai arrêté de les suivre parce que leur vie « parfaite » me renvoyait en pleine face que la mienne ne l'était pas.
Hasta la vista les comptes à fond dans les normes du corps parfait, qui font l'apologie de la minceur et/ou d'influenceuses aux corps interchangeables et qui répondent aux diktats de beauté.

Et coucou la réalité

Et on fait le plein de comptes qui montrent des corps vrais, dans leur pluralité et leur diversité – vous pouvez en trouver plein dans les moodboards à la fin de chaque chapitre de ce livre. Des corps minces oui, parce qu'ils existent et qu'ils sont là – oui, je parle de moi –, mais aussi des corps gros, des corps de femmes enceintes, des corps de femmes vieilles… Bref, des vrais corps.

YES SHE CAN

LES PETITES RÉVOLUTIONS POUR MODIFIER SON RAPPORT AU SPORT

Oui, s'éclater en faisant du sport, c'est possible ! Parce qu'il existe bien plus d'options que de s'abonner à une salle de sport ou d'aller courir.

Trouver le bon sport

La première chose à faire, c'est donc de chercher une activité physique qui nous plaît vraiment. Difficile de s'éclater si on n'aime pas le sport qu'on pratique, et donc d'être motivée, et donc de ne pas abandonner… Prendre un abonnement dans une salle de sport parce que c'est pratique et que c'est ce que tout le monde fait risque de ne pas vous épanouir des masses si vous devez mener un combat contre vous-même chaque fois que vous devez faire une séance… Commencez donc par vous renseigner, il existe une multitude de sports : indoor, outdoor, avec ballon, raquette, élastique, trampoline, solo, en équipe, pour petit ou gros budget… Il y en a pour tout le monde !

Abandonner l'idée de la performance

Comme le sport rime avec souffrance ET performance – on se comprend –, je me permets un rappel : on n'est pas obligée de se dépasser à tout prix. C'est une source de motivation pour certain·e·s, mais ce n'est pas un passage obligé. S'amuser, se défouler, ça peut aussi être des motivations très efficaces.

Se fixer des objectifs raisonnables

Si vous vous fixez des objectifs, adaptez-les à votre état physique, pas l'inverse. Si vous n'avez pas couru depuis des années, ça va être compliqué de courir 10 km en moins d'une heure dès la première semaine ! Soyez raisonnable, soyez patiente et, surtout, soyez indulgente avec vous-même. Les objectifs raisonnables ça entretient la motivation, mais en plus, ça permet de savourer chaque victoire, pas à pas !

- on se vide la tête, on laisse ses problèmes au vestiaire;
- on a plus de vitalité;
- plus de force aussi;
- on passe de bons moments s'il y a un aspect social dans le sport qu'on pratique;
- on est fière de ses performances.

Toutes ces petites choses mises bout à bout améliorent de façon drastique notre relation à nous-même. Vu à travers ce prisme, il est plus simple et sain de se remettre au sport...

Taille 0, 60 kilos... Y a pas que les chiffres, dans la vie!

L'indice de masse corporelle (IMC), c'est la réf qui nous suit depuis notre naissance et qui témoigne de notre supposée bonne santé. Alors même qu'un corps gros et qu'un corps maigre ne sont pas systématiquement synonymes de mauvaise santé.

Le poids qui s'affiche sur la balance ne dit pas tout non plus. On peut avoir des os très légers ou très lourds – bien que le squelette s'adapte au poids –, avoir plus de muscle que de graisse... Par ailleurs, on a tous un poids de forme différent, on ne peut donc pas nous imposer un nombre de kilos à ne pas dépasser ou à atteindre. En effet, n'oublions pas que le poids de forme, c'est avant tout un ressenti, une zone dans laquelle on se sent bien et performante – dans le domaine du sport. De même que, si on peut généraliser dans une certaine mesure, le nombre de calories à avaler par jour et la quantité d'aliments à apporter à son corps, n'oublions pas qu'on est tous différents et on a donc tous, des besoins différents*.

En somme, les résultats de l'IMC sont biaisés et limités, et il ne permettent aucunement de déceler d'éventuels troubles alimentaires: quelqu'un qui souffrira de boulimie pourra présenter un IMC tout à fait normal. Cette obsession pour les chiffres nous donne l'illusion de contrôler notre poids et notre santé. Mais ce n'est pas forcément le cas. Il est donc important, sinon nécessaire, de s'en détacher afin de nourrir une relation plus saine avec son corps et son alimentation.

*Je préfère
manger des pizzas
et boire du vin
plutôt que d'avoir
une taille 0.*

Sophia Loren

Les tailles de vêtements

Il y a quelques années, j'étais dans un magasin d'une marque de vêtements française que j'adore. Une femme essaie une robe, je suis dans la cabine d'à côté. Je l'entends dire à la vendeuse: « C'est un peu trop serré, auriez-vous la taille au-dessus, s'il vous plaît? » La vendeuse lui demande alors quelle taille elle vient d'essayer. Elle lui répond qu'il s'agit d'un 40, et qu'il lui faut donc un 42. La vendeuse, extrêmement gênée, lui répond alors: « Désolée, on ne fait pas de 42. » Vous avez bien lu. Elle n'a pas dit « on n'en a plus en taille 42 », mais bien « on ne propose pas la taille 42 ». Cette scène m'a profondément marquée.

Et l'autre cliente? Comment on se sent quand on rentre chez soi après un épisode pareil? On a forcément l'impression d'être en dehors des clous! On se sent grosse, punie pour ne pas rentrer dans les standards. C'est aussi violent que de s'entendre dire: « Non, tu n'as pas le droit de te mettre en robe, grosse vache! »

Comme on voit des tailles fines partout, à la télé, dans les magazines, sur les pubs dans le métro, et que les vêtements ne sont disponibles que jusqu'à une certaine taille, on a l'impression que c'est la norme et que, nous, quand on n'y correspond pas, on est anormale. On nous vend la taille 36/38 comme étant la taille de base. Pourtant, les tailles 40, 42, et 44 sont les plus vendues en France! Et 41% des Françaises s'habillent dans des tailles allant du 44 au 56. Voilà qui rend le manque d'offre concernant les vêtements en taille 44 chez la plupart des marques vraiment criant.

On commence heureusement à voir émerger des marques qui étendent enfin leur gamme à des tailles correspondant au physique des Françaises. Pour que ce ne soit plus à nous de nous adapter aux fringues, mais plutôt l'inverse. Un peu d'espoir dans ce monde de brutes standardisantes... On n'a pas à acheter des fringues trop petites dans l'espoir de s'affamer suffisamment pour rentrer dedans un jour. C'est clair?

*La robe
doit suivre
le corps d'une femme,
et non l'inverse.*

Hubert de Givenchy, couturier

GANG DE (SIMONE)

Si la chaussure ne vous va pas, devons-nous couper le pied?

Gloria Steinem[10], journaliste

La grossophobie

Commençons par une petite définition. La grossophobie désigne la discrimination des personnes que l'on estime en surpoids ou obèses, qui ne correspondent pas à la norme de beauté qui exige des corps strictement minces. Elle est omniprésente dans notre société. Les « gros » sont raillés et stigmatisés. Ils sont, du fait de leur apparence, perçus comme peu fiables, ne faisant preuve d'aucune discipline, puisque supposément incapables de se contrôler et d'arrêter de manger. Et puis ils sont fainéants, ces gros, ils pourraient bien aller faire un peu de sport, pour s'occuper de ce corps difforme… La grosseur, le « surpoids », sont ainsi associés à un tas de notions négatives. Mais ça va plus loin, la grossophobie, c'est quelque chose de systémique. C'est-à-dire que la société est pensée pour les minces et rejette celles et ceux dont les corps débordent. Il n'y a pas de place pour eux – littéralement, les sièges dans l'espace public sont réservés à ceux dont la morphologie ne dépasse pas un certain périmètre. Ils sont discriminés à l'embauche, puisqu'ils sont supposément fainéants. Ils ont des difficultés à trouver des vêtements à leur taille. Le culte de la minceur fait rage – vive la taille 0 ! – est plébiscitée, on fait l'apologie d'un corps sans gras, qui affiche moins de 60 kilos sur la balance, qui ne doit jamais grossir, même pendant une grossesse – marrant, on dirait pourtant que les deux mots ont la même étymologie (on va y revenir)…

Le privilège de la minceur : la maigrophobie, ça n'existe pas

Comme je vous le disais, j'ai souvent été critiquée pour ma maigreur. On m'a toujours traitée d'anorexique, des rumeurs ont été lancées sur moi, ça s'est apparenté parfois à du harcèlement, et c'était très dur. Mais à la différence d'une personne grosse, je n'ai jamais été discriminée par rapport à mon poids. En effet, si je postule pour un job et qu'une personne grosse et racisée se présente en tant que concurrente, alors même qu'on présente les mêmes compétences, j'aurai beaucoup plus de chances d'avoir le poste qu'elle. Ce sera mon privilège de femme blanche et mince. Je n'aurai pas de problème pour trouver un siège à ma taille dans l'espace public. Je ne galérerai pas à trouver des vêtements dans des boutiques.

Ç'a été sans incidence sur ma santé mentale, même si cet acharnement sur mon poids m'a blessée, mais il y a une dimension encore plus violente et extrêmement contraignante dans notre société quand on est grosse. Les enjeux sont différents.

On a tous·tes des biais grossophobes

Si vous pensez ne pas être grossophobe, vous vous trompez ! Ça ne veut pas dire qu'on le fait sciemment et qu'on est tous des méchant·e·s, mais la grossophobie internalisée est prégnante dans notre société. Des biais grossophobes, on en a tous·tes. De manière générale, on appelle ça « des biais implicites ». Cela veut dire que l'on va juger une personne en fonction de son poids, de son genre mais aussi de sa couleur de peau... Les biais implicites peuvent bien évidemment s'associer. Ainsi, vous ne serez pas traité·e ou vous ne traiterez pas de la même façon une personne grosse et blanche qu'une personne mince et blanche. Et vous traiterez aussi différemment une personne grosse et racisée d'une personne grosse et blanche.

Les personnes grosses, elles-mêmes, ont des biais implicites et notamment grossophobes. C'est normal, puisqu'on a inculqué à tout le monde, depuis toujours, qu'être gros, c'est mal, et qu'il faut éviter de l'être à tout prix.

Pour vous donner un exemple, les biais grossophobes sont très répandus parmi le personnel soignant. Médecins, infirm·ier·ière·s, diététicien·ne·s, psychologues et même spécialistes de l'obésité, tout le monde y passe. C'est en tout cas ce qu'affirment le docteur Anastasia Kalea et ses collègues du University College de Londres, qui ont effectué des recherches poussées et édifiantes sur le sujet. Selon eux, bon nombre de professionnel·le·s de santé « pensent que leurs patients sont paresseux, manquent de maîtrise de soi, sont hostiles, malhonnêtes, ont une mauvaise hygiène et ne suivent pas les conseils ». Ainsi, les soins de santé sont plus accessibles aux patients minces qu'aux patients gros, qui auraient pendant le Covid, déclaré être plus à l'aise avec la téléconsultation[11]. En outre, il n'est pas rare que les problèmes de santé des patient·e·s soient automatiquement rapportés à leur poids – alors que ce n'est pas nécessairement le cas –, ce qui biaise ainsi le diagnostic et d'éventuels traitements. Par ailleurs,

(SIMONE)
REAL
LIFE
T'ES GROSSE, MAIS ÇA TE VA BIEN !
TOI, T'ES LOURD ET ÇA, ÇA NE ME VA PAS !

LES PUNCHLINES À SORTIR EN CAS DE GROSSOPHOBIE

Face aux remarques grossophobes, il y a plusieurs postures à adopter. Si on choisit la réplique bien sentie, on peut soit répondre à l'attaque par…

- **… l'attaque (ou plutôt la défense mais enfin vous m'aurez comprise) ;**
- **… l'absurde ;**
- **… le dédain (je trouve qu'on ne le fait pas suffisamment, face aux con·ne·s).**

Allez, on s'entraîne. Je vous donne des exemples pour l'inspiration, puis à vous de jouer :

• T'es grosse, dis donc !
– Ah bon ? J'avais pas remarqué, mais quel sens de l'observation !
– Ah bon ? Pourtant, je suis toujours moins lourde que toi…
– ……………………………………………………………

• C'est dommage que tu sois grosse, parce que t'as un beau visage…
– Et toi, c'est dommage parce que t'es juste con·ne, et je crois que pour ça, y a rien à faire !
– ……………………………………………………………

• Dis donc, t'aurais pas grossi, toi ?
– Dis donc, tu serais pas devenu·e encore plus con·ne que la dernière fois, toi ?
– ……………………………………………………………

• Et ta santé, t'y as pensé ?
– Dis donc, Jean·ne-Michel·eline, spécialiste de l'obésité, te mêler de ton cul t'y as pensé ?
– Tu devrais faire grossir le petit pois qui est dans ta tête, au lieu de te préoccuper de mon poids !
– ……………………………………………………………

ces patient·e·s déplorent aussi s'entendre dire qu'ils doivent « traiter » leur problème de poids lors des consultations, alors même qu'ils se rendent chez le médecin pour un sujet sans rapport – genre tu viens pour un mal de gorge et on te dit qu'il faut perdre du poids.

Paye ton info

En France, le marché de la minceur pèse environ 3,6 milliards d'euros[12]. Entre crèmes, gels, ventouses, massages, compléments alimentaires… Le complexe de la cellulite rapporte gros aux industries cosmétiques !

Grossesse : on ne nous fout jamais la paix

Même quand on est censées prendre du poids, parce qu'on attend un bébé, on ne nous fout toujours pas la paix ! C'est encore une fois, si ce n'est plus que jamais, la chasse aux kilos en trop. Quand on est enceinte, il y a un certain quota de kilos à ne pas dépasser. Le contrôle est omniprésent. Et, entre les futures mères, c'est la course à celle qui prendra le moins de poids… Ce qui, parfois, peut mettre en danger la santé du bébé (et de la maman). On va donc privilégier notre aspect physique à la santé. Encore. Et comment se blâmer ? On nous apprend que c'est la base depuis notre plus tendre enfance !

L'Institut national de prévention et d'éducation à la santé (Inpes) a décrété que la prise de poids pour une femme de poids « normal » – soit dotée d'un IMC autour de 23 – devait être de 12 kilos pendant la grossesse. Heureusement, des voix s'élèvent pour nous aider à relativiser cette recommandation culpabilisante – c'est bien le moment de stresser, franchement, quand on est enceinte… Ainsi, j'ai entendu dans une émission de *La Maison des maternelles*[13], Laurence Haurat, notre nutritionniste et psychologue rencontrée page 69, expliquer : « Ces 12 kilos ne correspondent à rien à titre individuel. Même à l'intérieur d'un même corps, on se rend compte que les kilos de grossesse peuvent être plus ou moins importants, plus ou moins longs à disparaître ou ne disparaissent jamais. Et, hormis les 6 kilos de bébé, de placenta, de tout ce qu'il faut pour fabriquer ce bébé, c'est très individuel. Ça dépend de chaque femme, ça dépend de ce qu'elle a fait pendant sa grossesse mais pas que.» Un autre truc qui m'a fait du bien: la lecture d'un article pour la mutuelle des métiers de la justice et de la sécurité (MMJ), où Isabelle Derrendinger, conseillère au Conseil national de l'Ordre des sages-femmes et directrice de l'école de sages-femmes de Nantes, s'insurge contre cette nouvelle injonction: «Une femme passe sa vie à contrôler son poids, alors laissons-la vivre sa grossesse sans en rajouter». Merci, madame!

Mais il est difficile de ne pas se mettre la pression, quand on voit des mannequins et autres actrices ultra-fines alors qu'elles sont enceintes de sept ou huit mois... Ou être déjà très minces seulement quelques jours/semaines après leur accouchement.

Sarah Stage, mannequin de son état, a défrayé la chronique en 2015. Enceinte de six mois, elle a été vivement critiquée pour avoir posté des photos d'elles avec un ventre quasiment plat pendant toute sa grossesse[14]. Elle a même été renommée «la mannequin au ventre plat» et le mot «mummyrexie» (contraction des mots *mummy*, «maman», et anorexie) a été utilisé pour la décrire. Bien sûr que ce genre de cliché met une pression incroyable sur toutes les femmes enceintes et leur prise de poids... Ça va dans le sens de ma démonstration. MAIS, ce que je ne peux m'empêcher de remarquer, c'est que si on prend trop de poids, on se fait lyncher, si on n'en prend pas assez, on est encore critiquées – notez que le bébé de Sarah Stage pesait 4 kilos à la naissance, il n'a pas eu l'air de manquer de quoi que ce soit... Les femmes ont toujours tout faux, décidément.

Pour conclure sur une note d'espoir néanmoins, je dois évoquer la parole qui se libère autour du corps de grossesse et du corps post-partum. Sur les réseaux, notamment, avec le hashtag #PostPartum, les femmes partagent la réalité de leur apparence juste après l'accouchement. Or, maintenir le silence concernant les kilos de grossesse ou notre ventre post-partum – sérieux, qui a récupéré un ventre d'avant trois mois de grossesse, même au bout de plusieurs années? –, ça fait le jeu des injonctions: tant qu'on

GANG DE (SIMONE)

« On ne m'a pesée qu'une fois, au tout début de ma grossesse, et on ne m'a pas reparlé de mon poids ensuite, probablement parce que je suis mince. Et, comme j'allais à tous mes rendez-vous à vélo, ma sage-femme a considéré que j'étais sportive. Mais ça ne m'a pas empêchée de me peser régulièrement ; j'aimerais dire que c'était par curiosité mais, au fond de moi, je sais que je n'avais pas envie de prendre trop de poids non plus… Et je me suis délectée des commentaires de personnes qui me disaient que je ne donnais pas l'impression d'avoir pris un gramme – alors que j'avais pris 10 kilos. Le poids, ce n'est qu'un chiffre, mais il pèse. J'ai adoré mon corps de femme enceinte et mon ventre rond. Aujourd'hui, j'ai un bébé adorable, en bonne santé, mais au fond de moi je me demande toujours combien je pèse et si je vais perdre mon petit ventre. Comme si c'était important… »

Lucie

en discute pas entre nous, on ne sait pas que c'est normal. Partager, c'est un bon moyen de se sentir légitime et de déculpabiliser.

Body positive et body neutrality

Vous avez forcément déjà entendu parler de body positive… C'est le mouvement en vogue depuis ces cinq dernières années. Il s'inscrit en rupture totale avec la dietculture, et on en avait bien besoin ! Le body positive (« corps positif » ou encore « valorisation/positivation du corps ») a pour principal objectif l'émancipation des femmes face aux stéréotypes et injonctions visant leur corps, et notamment l'injonction à être mince. Le but est de retrouver estime et confiance en soi, tout en favorisant le confort et en prônant l'acceptation de son corps, même s'il ne correspond pas aux diktats. Vaste programme, n'est-ce pas ?

Le body positive a été décrié à de nombreuses reprises, notamment parce qu'il ferait l'apologie de l'obésité, et donc de la mauvaise santé. Mais le débat n'est pas là. Le but de ce mouvement n'est pas d'inciter tout le monde à devenir le plus gros possible, mais plutôt de nous aider à accepter notre corps et d'en être fières malgré nos bourrelets qui dépassent des normes de beauté établies. Vive la diversité des corps et les valeurs positives de bien-être !

LE PETIT MOT DE MAMIE

Si tu n'arrives toujours pas à apprécier la beauté de ton corps, ma chérie, au moins, reconnais tout ce qu'il a fait pour toi !

Cependant, il faut faire attention, le body positive porte en lui une dérive possible : mettre une pression supplémentaire sur le corps des femmes. En effet, à travers ce mouvement, on met de nouveau le physique au centre de l'attention, alors qu'on pourrait avoir envie de se foutre la paix. Et puis beaucoup de femmes se sont plaintes de se sentir coupables d'échouer à s'accepter comme elles sont. On ne peut pas déconstruire des années de conditionnement à la dietculture en un claquement de doigts…

Si vous arrivez à déconstruire certains de vos complexes et pas d'autres, il n'y a rien d'anormal à cela. Si certains jours vous vous sentez bien dans votre peau et d'autres non, il n'y a rien d'anormal à cela non plus. Surtout en tant que femme ! Quand on prend honnêtement en compte notre cycle menstruel et ses variations hormonales, déjà, on réalise qu'il est impossible d'être vraiment constantes dans l'acceptation de soi. Nos hormones ont un impact sur notre humeur : ainsi, quand on est en syndrome prémenstruel – la phase juste avant ses règles –, on est bien plus sensible et à fleur de peau… Et donc plus à même d'être affectée par son physique et ses complexes.

Mais dans ces cas-là, dans les moments où on se sent un peu moins en phase avec son corps, où la confiance en soi diminue drastiquement… J'ai une arme redoutable ! J'ai nommé, le body neutrality. Ça fait beaucoup de mots en anglais, je sais. Le body neutrality, ou « corps neutre » en français, c'est en fait un concept selon lequel on n'est pas nécessairement obligée d'accepter son corps. Ça dit en substance qu'on n'est pas pour autant obligée de le rejeter. Qu'on peut juste porter un regard neutre sur ce dernier. Lorsque je me suis entretenue avec Laëtitia au sujet de la danse (voir page 38), elle m'a beaucoup parlé de ce regard neutre qu'elle adopte désormais sur son corps. Si elle ne se sent pas d'avoir un regard positif, au lieu de se critiquer violemment, elle va plutôt éviter de se regarder ou d'émettre d'avis sur son corps. Ainsi, le concept de body neutrality préconise d'éliminer complètement l'apparence physique comme élément de l'estime de soi. Elle recommande de se concentrer davantage sur la façon dont on se sent dans son corps et sur ce que celui-ci peut faire, plutôt que sur son apparence à un moment donné[15]. On ne se focalise alors plus sur l'esthétique, on oublie les notions de performance, on ne met plus aucune pression sur son corps et sur l'acceptation de soi. On remet ainsi la notion de plaisir au cœur de ses préoccupations, considérant que notre corps nous sert à nous faire du bien.

Je ne pense pas qu'un mouvement vaille forcément mieux que l'autre, mais il peut être vraiment bénéfique de piocher dans ces concepts et choisir ce qui nous convient le mieux en fonction de notre état d'esprit et de notre santé mentale du moment. Et en tout cas, faire enfin une trêve avec la bouffe, le contrôle du corps et la grossophobie.

(SIMONE) REAL LIFE

notre IMC c'est notre : Incroyable & Magnifique Corps

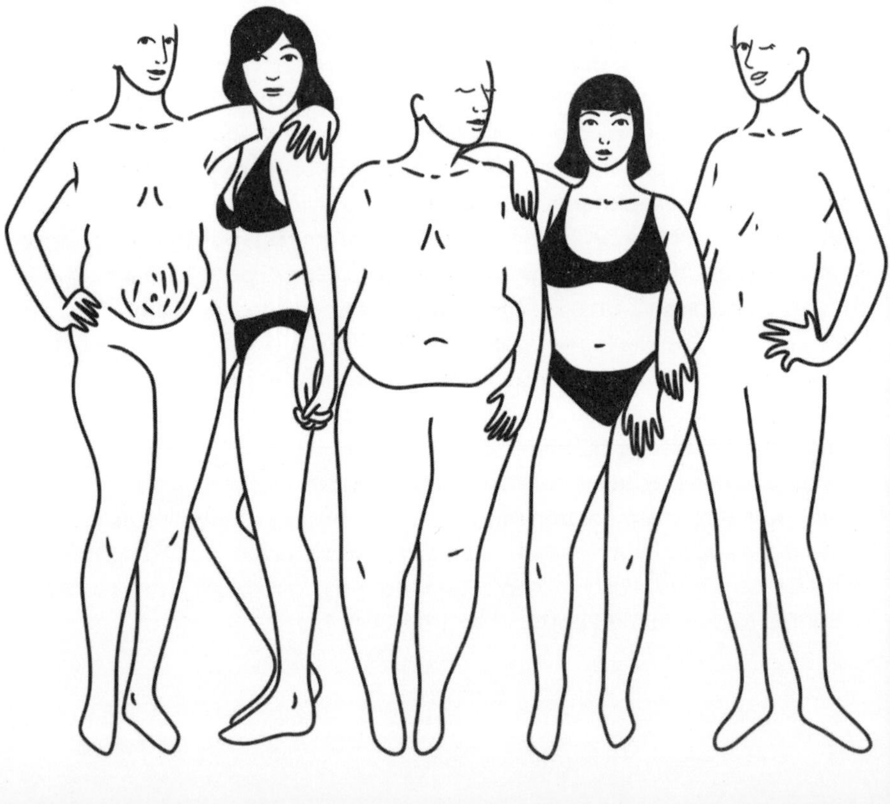

MOOD BOARD

Les comptes Insta à suivre

- @barbarabutch est une artiste et DJette, militante anti-grossophobie et anti-homophobie que j'adore parce qu'elle est toujours de bonne humeur ! J'aime beaucoup son approche, elle nous montre qu'elle est heureuse comme elle est, mais partage aussi les moments difficiles. Elle est humaine, quoi ! Elle a d'ailleurs enregistré un épisode du podcast *Va vers ton risque* dans lequel elle se livre sur ces sujets.
- @gaelleprudencio est l'une des principales icônes du mouvement body positive noir en France et a fondé la ligne de vêtements grande taille Ibilola.
- @juliettekatz (anciennement coucoulesgirls), partage son combat contre la grossophobie et montre les choses telles qu'elles sont et telles qu'elle les ressent, le tout avec une sincérité très touchante.
- @corpscool, c'est LE compte qui nous éduque sur la grossophobie ambiante.
- @glucosegoddess, si vous souhaitez vous renseigner sur l'alimentation santé : Jessie Inchauspé donne plein de hacks pour ne pas se priver.

Le podcast à écouter

Reset ton assiette, de The Last Quiche, pour découvrir les travers de la dietculture et une alimentation qui n'est pas empreinte de body shaming.

Les livres à lire

- *Fuck les régimes !* de Chloé Hollings (Payot, 2016) : le livre qui permet de comprendre à quel point la dietculture est insidieuse et ses conséquences néfastes, mais aussi de réapprendre à aimer son corps.
- *On ne naît pas grosse* de Gabrielle Deydier (éditions Goutte d'Or, 2017), qui m'a accompagnée durant la rédaction de ce chapitre et qui nous explique comment les gros·se·s sont discriminé·e·s. Elle dénonce aussi les travers de la chirurgie de l'obésité, c'est passionnant.
- *Et si vous trouviez (enfin) votre poids idéal*, de Laurence Haurat (Eyrolles, 2020), un livre plein de propositions personnalisées et non standardisées, qui aide à relativiser et à se déculpabiliser.

Chapitre 5

MIROIR, MON BEAU MIROIR

Ma fille, belle tu seras. Une peau blanche et immaculée, des cheveux lisses et soyeux tu auras…

Allez, on va parler plus particulièrement peau et cheveux dans ce chapitre. Parce que les diktats de beauté qui les touchent ont un lourd passif empreint de sexisme et de racisme. Or, quand on n'a pas une peau ou des cheveux parfaits selon les standards actuels, on peut être tentée d'adopter des comportements dangereux pour la santé (en utilisant des produits nocifs, par exemple). Pourquoi ? Comme d'habitude : parce qu'en plus d'être éduquée selon l'idée qu'il faut répondre à un type de beauté bien précis, on se rend vite compte que l'on est stigmatisée et lourdement punie quand ce n'est pas le cas, que ce soit dans notre vie sociale ou professionnelle. Alors il faut trouver des parades, des solutions, pour s'y plier. La culture de la beauté a un impact sur notre quotidien, bien plus fort que ce qu'on imagine. C'est pour cette raison que les mouvements féministes dénoncent ces injustices et qu'on voit émerger des #NoMakeUp (« sans maquillage ») ou encore #IWokeUpLikeThis (« Je me suis réveillée comme ça », en gros nature peinture !), pour se réapproprier nos corps et nos visages, mais encore plus important, nos beautés multiples et plurielles. Parce qu'on est belles, bordel !

La peau

Blanche à tout prix (*versus* noire, beurre…)

L'idéal de la peau parfaite : elle est sans imperfection aucune, pas de boutons ou de cicatrices, pas de rougeurs ou de taches, et surtout… elle est blanche. En effet, la représentation de la femme parfaite occidentale s'est répandue un peu partout dans le monde, créant des complexes terribles chez les personnes dont la couleur de peau n'est pas « suffisamment claire ». Le problème des injonctions concernant la beauté des femmes, c'est donc qu'elles sont sexistes, mais aussi souvent racistes. Au point qu'on invisibilise et, pire, qu'on discrimine, les femmes noires, notamment. Conséquence directe de ce racisme, on assiste même de nos jours au colorisme, phénomène qui consiste, au sein du même groupe ethnique, à discriminer les différentes nuances de couleurs, tout en favorisant [*roulement de tambour*] les plus pâles.

On a créé une véritable industrie de la peau blanche, et le marché mondial de la dépigmentation pourrait atteindre 31,2 milliards de dollars en 2024[1]. Les crèmes éclaircissantes pour la peau, très dangereuses, se vendent en effet par milliers et à des prix exorbitants à des femmes qui, désespérant de s'intégrer socialement, s'en tartinent le visage quitte à être brûlées ou à tomber malades. Quand elles ne font pas de mélanges artisanaux à base de javel, ne prennent pas de comprimés douteux ou ne s'infligent pas d'injections[2] non moins douteuses. Car tous ces produits contiennent des ingrédients dangereux et ne sont pas toujours contrôlés et testés. Ce qui ne décourage pas les femmes, entraînées malgré elles dans la folle course à la beauté prétendument idéale. Plus choquant encore, on constate qu'il est assez commun de prendre des comprimés éclaircissants en étant enceinte, pour rendre la peau de son enfant plus claire à la naissance[3].

Paye ta stat'

70 % des femmes en Afrique de l'Ouest auraient déjà utilisé des crèmes éclaircissantes, d'après un rapport publié en 2016 par le *New York Times*. En ce qui concerne la France et plus particulièrement l'Île-de-France, les derniers chiffres datent de 2009, et la Mairie de Paris estimait alors que 20 % des femmes d'origine africaine utilisaient des produits éclaircissants.

Les « imperfections » et autres « problèmes » de peau

Qu'est-ce que l'utilisation du mot « imperfections » peut m'agacer, dans ce contexte... Bien sûr que la peau est « imparfaite », on est des êtres humains, on n'est pas là pour « faire beau », enfin, « faire belle »... Bref. Doit-on pour autant diaboliser la peau ? Alors oui, bien sûr, il semblerait qu'il le faille,

(SIMONE) REAL LIFE

<u>MESSAGE AUX BOULETS</u> :

c'est nous les canons !

parce que si on crée des «problèmes» de peau, on peut nous vendre des solutions et se faire de l'argent sur notre tronche.

En résumé, on a encore une fois dénigré des phénomènes absolument naturels, physiologiques, comme les rides, les boutons, les rougeurs, la peau qui brille, les pores dilatés... On en a fait des tabous, on les a pointés du doigt en permanence, les rendant difficiles à assumer, pour nous forcer à vouloir les éradiquer coûte que coûte.

Toutes filtrées !

Les filtres utilisés sur les réseaux sociaux sont problématiques parce qu'ils nous renvoient une image totalement faussée de nous-mêmes et nous apprennent ainsi à nous détacher de notre physique réel, voire à le détester... Les filtres «ultra» lissent la peau, gomment absolument toutes les marques, des cernes aux rides, nous rendent un peu moins pâlottes et plus «fraîches». Parfois, c'est très évident, surtout quand ceux-ci accentuent volontairement une partie du visage comme gonfler les lèvres pour imiter les – pour ne pas dire se moquer des – femmes qui usent et abusent du Botox, mais, d'autres fois, c'est plus subtil. Comme quand le filtre lisse très légèrement le grain de la peau, ou agrandit un chouïa les yeux, voire rehausse les pommettes, sans qu'on n'ait rien demandé. Parce que, parfois, certains filtres qui n'ont pas pour vocation première de modifier l'apparence – je pense notamment aux filtres censés ajouter des oreilles de chiens ou de chats aux selfies – le font tout de même.

LE PETIT MOT DE MAMIE

Sois toi-même, ma chérie,
les autres sont pris.
[Mamie Oscar Wilde !]

Cette comparaison sans filtre/avec filtre nuit à notre confiance en nous. C'est même «psychologiquement perturbant[4]» – c'est Francesco Panese, professeur en études sociales de la médecine et des sciences à Lausanne, qui le dit –, parce qu'on s'habitue à une version de son visage prétendument améliorée, et qu'on s'y attache. On voit à quoi on pourrait ressembler... sauf que ce n'est pas nous. Même avec du maquillage, on ne pourrait pas arriver à ce résultat. Le miroir ne nous renverra jamais ce que nous montre la caméra. Ça crée un véritable fossé entre des diktats de beauté impossibles à satisfaire et des complexes toujours plus poussés. Certains parlent même de «dysmorphisme Snapchat», le réseau social qui a démocratisé les filtres, pour qualifier ce phénomène qui ne cesse de prendre de l'ampleur, ce flou entre fantasme et réalité.

Paye ta stat'

«Environ 70 % des 18-24 ans envisageraient de subir une intervention de chirurgie esthétique[5].»

Il semblerait que les jeunes filles qui utilisent les médias sociaux, et ce même durant une courte période, se préoccupent plus de leur image corporelle que les non-utilisatrices. Les filles expriment même un désir accru de modifier leur apparence (visage, cheveux et/ou peau) après avoir passé du temps sur les réseaux. Les médias sociaux pourraient par ailleurs être à l'origine d'une augmentation des interventions de chirurgie esthétique, comme nous allons le voir, dans le but d'avoir une meilleure apparence sur les photos. Alors, oui, les réseaux sociaux peuvent être une distraction et même nous apporter du bien-être et du divertissement. Mais il faut les consommer avec discernement !

Une augmentation de la chirurgie esthétique chez les jeunes

Abdominoplastie, augmentation mammaire, liposuccion, lifting du visage, rhinoplastie, chirurgie des paupières, injection d'acide hyaluronique ou encore de toxine botulique... La génération des 18-34 ans est désormais plus friande de chirurgie esthétique que celle des plus de 50 ans. En effet, grâce aux actes non chirurgicaux, la chirurgie, ou médecine esthétique, comme on peut parfois la nommer, est de plus en plus accessible. Dans l'émission d'Arte *Idée 3D* consacrée à «la folie de la chirurgie esthétique», on peut ainsi entendre un chirurgien esthétique brésilien, Oren Marco, expliquer que, désormais, plutôt que de se dire qu'on va faire attention, boire plus d'eau, moins fumer, mettre de l'écran total pour avoir une plus belle peau, par exemple, on pense tout de suite à passer par la case chirurgie esthétique. Le nombre d'interventions chirurgicales a bondi de 33 % entre 2017 et 2021, et 54 % en ce qui concerne les actes non chirurgicaux[6]. Les réseaux sociaux sont l'une des raisons qui expliquent ce boom des interventions de chirurgie plastique. C'est ce que déplorait avec justesse Pascal Lardellier, professeur à l'université de Bourgogne et spécialiste des réseaux sociaux, dans un article du Parisien sur lequel je suis tombée au cours de mes recherches: «Les réseaux sociaux sont devenus une forme de vitrine où les gens se mettent en scène dans des stories, où les images règnent sans partage. Le métier de ces starlettes n'est pas de produire des œuvres mais de produire un idéal. On est passé de la téléréalité à la réalité-télé[7].»

On peut noter, parmi cette manie du corps lisse et standardisé, une évolution intéressante – vous remarquerez que je n'ai pas dit «positive» –, comme le signale la philosophe Heather Widdows, là encore dans l'émission d'Arte *Idée 3D* : «de plus en plus de jeunes viennent voir leur chirurgien non plus avec une photo de leur célébrité préférée, mais plutôt avec leur propre selfie, filtré et retouché». Alors qu'on venait auparavant avec une photo de Kim Kardashian pour avoir ses fesses, on accepte désormais d'être soi, mais dans une version fantasmée, filtrée. Qu'il s'agisse de vouloir ressembler à quelqu'un d'autre ou à une version «améliorée» de soi-même, dans tous les cas, la demande tend à former des corps toujours plus standardisés.

Cela étant dit, il est important de rappeler qu'il n'y a rien de mal à vouloir être beau ou belle. C'est un phénomène absolument normal de vouloir se mettre en valeur – tant qu'il ne s'agit pas de chercher à n'importe quel prix à répondre à des diktats –, et il n'est pas question de pointer du doigt les personnes qui ont recours à la chirurgie esthétique afin d'atteindre leur idéal. Le problème, c'est que l'on crée un business en utilisant les complexes des patient·e·s, jusqu'à mettre leur vie en danger. Les dérives de ces chirurgies plastiques low cost, notamment, parfois même clandestines et illégales, peuvent avoir, comme on l'imagine, des conséquences désastreuses[8].

Acné, cicatrices et autres taches

Je vous l'ai dit, pour ma part, pendant des années, ma bête noire, niveau complexes, ç'a été l'acné. C'est simple, des boutons, j'en avais partout. Sur le visage, mais aussi dans la nuque, sur le décolleté et dans le dos. Bref, un calvaire. Je me souviens avoir lu à plusieurs reprises des interviews de Cameron Diaz, et aussi son livre – vous pouvez me juger, mais j'ai eu ma période livres de stars, j'assume –, qui racontait à quel point elle était gênée lorsqu'elle arrivait sur un plateau, quel qu'il soit, et qu'il fallait qu'on camoufle ses « imperfections ». En effet, pendant des années, Cameron Diaz a énormément souffert et complexé à cause d'une acné sévère. Ça m'a fait du bien de lire que même elle souffrait de son acné, je me suis sentie moins seule, moins moche. En effet, ça aide à relativiser de se dire que Cameron est considérée comme l'une des plus belles femmes de la planète, qu'elle ne s'est pas empêchée de vivre sa passion et qu'elle a réussi à faire carrière malgré tout...

En octobre 2017, le #FreeThePimple (« libérez le bouton ») a été lancé par une mannequin, Louisa Northcote, lasse de devoir se maquiller pour cacher son acné. Elle poste, depuis, des photos d'elle sans maquillage dans lesquelles on peut voir ses boutons et ses cicatrices. Ce faisant, elle a notamment ajouté, sur Twitter : « Avant tout, appréciez le fait que ça m'a demandé beaucoup de courage pour poster cette photo. Je sais déjà que certaines personnes seront méchantes et vont probablement rire et dire des choses horribles[9]. » Et elle a raison, ça ne devrait pas, mais ça demande du courage de poster une photo de soi avec de l'acné et des cicatrices. Et si elle y arrive, pourquoi pas nous ?

Marie Lopez, plus connue sous le nom d'EnjoyPhoenix est une Youtubeuse qui souffre d'acné rosacée. Depuis quelques années, elle poste des vidéos et des photos d'elle sans maquillage pour montrer « l'envers

YES SHE CAN

LES FAÇONS D'HABITER SON CORPS AVEC PLAISIR ET AVEC JOIE POUR SE RECENTRER

Je vous propose de faire un petit exercice dans la joie et la bonne humeur, parce que c'est comme ça que devrait être la relation à son corps !
Essayons d'oublier un peu les filtres et les injonctions, et réfléchissons. Par nous-mêmes, pour nous-mêmes. Au-delà de notre apparence, DANS notre corps... Qu'est-ce qui nous fait nous y sentir bien ? Il y a plein de façons d'habiter son corps en conscience, et avec plaisir ! Alors, faisons-lui plaisir.
Dressez la liste de vos propres kifs, des manières de chouchouter votre corps qui vous plaisent le plus : vous faire masser, danser, dormir, manger, méditer... Et essayez de le lui offrir !
Je vous donne le top 3 des choses qui, selon moi, peuvent nous aider à nous sentir mieux dans notre corps et nous font du bien :

Manger quand on en a besoin
(sans se l'interdire parce que c'est en dehors des repas)

Danser, marcher, bouger

Porter des vêtements qu'on aime

Et pour vous, c'est quoi ?

....

....

du décor». Instagram nous renvoie toujours à cette impression que les influenceuses ont une peau/plastique parfaite mais, finalement, ce n'est pas toujours le cas. Marie explique dans ses vidéos que c'est un véritable combat qu'elle mène contre l'acné, et que ça la «bouffe».

On peut la comprendre. C'est très difficile d'accepter son acné quand on voit, partout autour de soi, des gens à la peau parfaite. Parce que finalement, si on ne voit que très peu de personnes avec de l'acné, c'est parce que c'est invisibilisé. On le cache derrière des couches de maquillage et des filtres, on prend des médicaments pour s'en débarrasser, voire on limite ses sorties... Socialement, ça devient très compliqué. Personnellement, j'ai refusé d'être prise en photo durant cette période, c'était un supplice pour moi.

Pourtant, on est énormément à se plaindre d'acné, ça veut bien dire qu'on est nombreux·euses à ne pas l'avoir, cette peau parfaite. Si on normalisait un peu plus les boutons, les cicatrices, les taches? On se sentirait un peu moins mal dans notre peau quand on a des boutons qui la recouvrent. Parce que c'est humain, naturel, ce n'est pas nécessairement lié à une mauvaise hygiène de vie, parfois c'est simplement hormonal, et on ne peut pas y faire grand-chose.

«Ça fait maintenant plus de cinq ans que je souffre d'acné hormonale, et depuis que j'ai arrêté de prendre la pilule pour ne plus être sous hormone, mon corps décide de reprendre ses droits, c'est de pire en pire [...], et ça me bouffe.
Ça me bouffe d'entendre que je devrais apprendre à me laver le visage.
Ça me bouffe d'entendre que je devrais arrêter de me maquiller.
Ça me bouffe d'entendre que je suis un pot de peinture par ce que je suis dégueulasse en dessous.
Ça me bouffe d'entendre que je suis conne de ne jamais avoir fait Roaccutane.
Ça me bouffe de voir les gens me dévisager dans la rue quand je ne suis pas maquillée.»

EnjoyPhoenix, influenceuse

« Le psoriasis est une maladie de peau qui crée des plaques rouges. Pour ma part, j'ai le psoriasis dit "en plaques", le plus fréquent. C'est une forme qui provoque des plaques rouges épaisses sur le corps avec une "croûte" de peaux mortes à la surface. J'en ai sur à peu près toutes les parties de mon corps. J'ai aussi le psoriasis du visage et du cuir chevelu.

Quand j'étais plus jeune, ce que je voulais, c'était avoir une peau normale. Je voulais pouvoir me balader en t-shirt ou en short sans croiser le regard dégoûté des autres enfants. Et de leurs parents… et des profs… Je n'arrivais plus à me changer dans les vestiaires sans me cacher. Même mes parents voulaient le cacher en prétextant me protéger. Ils ne me laissaient pas porter de vêtements avec des manches courtes pour qu'on ne se moque pas trop de moi. Mais ça ne changeait rien. Pendant un temps, il y a eu une rumeur dans mon école qui disait que j'avais la lèpre. Plus personne ne voulait m'approcher. Il y a toujours des choses que je vis mal. Par exemple, j'ai tendance à laisser des peaux mortes un peu partout derrière moi. Et aussi, je ne pourrai jamais faire ce que je veux de mon corps. Je ne pourrai pas me faire tatouer alors que j'en rêve depuis que j'ai 4 ans.

J'ai essayé de faire comme si je m'en fichais parce que, de toute façon, ça ne partira pas et je ne peux pas le cacher. J'essaie encore. J'essaie de faire comme si les regards et les remarques ne me blessaient pas mais, quand ça arrive, ça me blesse quand même. Cependant, maintenant que je suis adulte, la majorité des gens essaient d'être bienveillants, alors je le vis beaucoup mieux que quand j'étais plus jeune. C'est comme ça, je suis comme ça. »

Roxanne, 25 ans, nous montre que vivre et s'accepter avec une maladie de peau incomprise, ce n'est pas si évident.

Maquillage et #NoMakeUp

Je suis sûre que vous vous souvenez de vos premiers produits de maquillage et quand, enfant, vous piquiez celui de votre mère pour « faire comme maman ». C'était plutôt mignon, du moins ça le paraissait. Mais je me souviens aussi, un peu plus tard, de mes virées shopping et des centaines d'euros que j'ai dépensées dans des produits hors de prix dès que j'en ai eu les moyens…

Paye ta stat'

• Environ dix-neuf minutes par jour, c'est le temps qu'une Française passe à se maquiller… Et onze minutes à se démaquiller.
• C'est pas moins de neuf produits par jour que les femmes s'appliqueraient sur le visage !
• En 2020, Statista prévoyait que la valeur du marché mondial des produits de maquillage s'élèverait à 91,44 milliards de dollars pour 2023. Ce chiffre grimperait à 100,82 milliards de dollars d'ici à 2025[10].
• En moyenne, une Française dépense 2 482 euros par an en produits de beauté. Un beau budget ! Plutôt lucratif, comme business vous ne trouvez pas ?

Le déclic : ne plus aimer mon visage sans maquillage

Pendant longtemps, je n'ai pas fait exception à la règle. Je me suis tartinée de fond de teint, de liner, de fard à paupières, je me suis consciencieusement appliqué du crayon, du rouge à lèvres, du mascara, et je suis passée par une phase où je me recourbais les cils. J'ai investi dans des pinceaux, des faux cils, des éponges… J'ai suivi des tutos sur YouTube, j'ai dépensé des fortunes chez Sephora et Nocibé, j'ai passé des heures dans ma salle de bains.

Paye ton info

Le maquillage est une pratique genrée. Il y a une pression sur les femmes à se maquiller. On attend d'une femme qu'elle s'embellisse, d'ailleurs on s'entend bien souvent dire qu'on a « mauvaise mine » quand on ose sortir sans make-up, alors que pour un homme, c'est tout à fait normal… Avez-vous déjà remarqué que tous les produits de make-up sont à destination de la gent féminine, alors que les hommes n'ont pas ou très peu de produits de maquillage à disposition dans les magasins ? Le maquillage n'est pas un mal en soi, le problème c'est ce qu'on en fait : une obligation, mais une obligation à destination des femmes seulement.

Le jour où je me suis rendu compte que je n'aimais plus mon visage sans un trait de liner au-dessus des yeux, ça m'a vraiment perturbée. Cela faisait plusieurs mois, voire des années, que, chaque jour, je dessinais un trait noir sur ma paupière supérieure pour agrandir mes yeux que je trouvais trop petits – ce qui me prenait un temps fou puisque, évidemment, je me ratais sans arrêt. Un matin où je m'étais loupée niveau réveil, je n'ai pas eu le temps de me faire ce foutu trait de liner et, en me regardant dans le miroir, j'ai réalisé que je détestais mon visage sans lui, que je ne pouvais pas sortir sans, quitte à me mettre en retard. J'ai trouvé ça triste… et flippant ! Ma capacité à me trouver belle dépendrait-elle d'un tube de liner à 10 euros ? Ça a été le premier déclic.

J'ai aussi réalisé que la première fois que j'avais acheté du maquillage, c'était pour me camoufler. Pour cacher les boutons d'acné qui ont plombé mon adolescence. Je me suis cachée pendant des années derrière un véritable masque de fond de teint, puis derrière des tonnes de crayon noir. D'aussi loin que je me souvienne, je ne me suis jamais réellement maquillée pour le plaisir, mais toujours pour dissimuler quelque chose ou m'embellir – comprenez: me rendre moins moche.

Et c'est dommage, parce que, finalement, le maquillage, c'est aussi une façon d'exprimer sa créativité et c'est même un art à part entière, comme le prouvent les œuvres de certain·e·s make-up artists, la Française

Cécile Paravina et ses maquillages colorés et transgressifs, par exemple. Ou encore le Colombien Marcello Gutierrez, créateur de make-up originaux, inspirés de la culture queer, sur une diversité de corps, hommes ou femmes, noir·e·s, blanc·he·s, des plus gros aux plus minces. C'est une façon fun de casser les codes de beauté et de se les réapproprier.

Le no make-up pour se défaire des injonctions

Depuis quelques années, j'ai décidé de m'émanciper du maquillage et de toutes les injonctions qu'il implique. Ce que je déteste par-dessus tout, avec le maquillage, c'est le côté « beauté unique ». On nous tanne avec un teint parfait, sans « défauts » ni « imperfection », entendez sans cernes, avec des yeux de biche, un regard « éclairé », des cils gigantesques, des lèvres pulpeuses… Il faut toujours être « parfaite »: ne jamais avoir la peau qui brille, de boutons, le mascara qui coule… Pourtant, je suis un être humain et, comme je respire, transpire, pleure, suis fatiguée, oui, parfois, ça se voit sur mon visage. Et est-ce que c'est si grave que ça? Non! Le no make-up n'est pas qu'un geste militant de plus contre les injonctions faites aux femmes. C'est aussi une façon de réintégrer son corps, de se reconnecter à ses manifestations physiologiques. Et un petit doigt d'honneur à toutes ces industries qui nous font croire que l'on a besoin d'artifices pour être belles et que l'on ne se suffit pas à nous-mêmes.

Paye ton info

Les femmes font face à des injonctions complètement contradictoires en matière de maquillage. Si vous n'êtes pas maquillée, ça sous-entend que vous ne prenez pas soin de vous, ce qui est mal perçu. Et les femmes qui abusent du maquillage sont elles aussi la cible de critiques virulentes, accusées d'être maquillées comme un camion volé, une pouf… Alors maquillage, oui, mais toute mesure gardée. #grossefatigue

(SIMONE) REAL LIFE

FAUDRAIT SAVOIR LES GARS...

Depuis quelques années, on voit fleurir une nouvelle tendance, qui a pour but de s'émanciper du maquillage sur les réseaux sociaux, le #IWokeUpLikeThis. Personnellement, je pense que, après des années d'abus de make-up en tout genre par de nombreuses blogueuses/youtubeuses, ça s'imposait ! Bon. Parmi les stars qui ont participé, notamment, comme Queen B, Lady Gaga, Kim Kardashian ou Lorde, il y a eu un peu de triche, un petit arrangement avec la vérité. Mais d'autres ont joué le jeu à fond, comme Lena Dunham ou Zooey Deschanel, et ce retour d'un peu de naturel sur les réseaux ne fait pas de mal. On voit donc de plus en plus de personnalités en mode « nature », et ça fait du bien, ça contrebalance un peu l'utilisation intempestive de filtres. Il n'est pas question de créer une nouvelle injonction et de dire aux femmes d'arrêter de se maquiller, mais simplement d'apporter une autre perspective et de donner la possibilité de dégainer ses pinceaux… ou pas.

Un long chemin vers l'acceptation de soi…

Je ne dis pas que j'assume complètement mon visage sans maquillage en plein hiver ou quand je dors quatre heures par nuit. Mais je me contente alors d'un peu d'anticernes, de poudre lorsque je suis vraiment trop blanche, et le max que je peux faire en soirée, c'est de mettre du rouge à lèvres ! Désormais, le seul moment où j'en mets, c'est quand j'ai des shootings photo, des interviews et que je passe à la télé – les lumières sont trop blanches… Et que ce soit bien clair, j'en ai bavé, ça m'a pris des années avant de sortir complètement le maquillage de ma routine, et de ne plus du tout me poser la question : « Est-ce que je sors maquillée, ou pas ? ». Maintenant, je me sens mieux, c'est une charge mentale en moins pour moi, mes proches ne m'ont pas rejetée, bien au contraire, la plupart de mes amies se maquillent de moins en moins, si ce n'est pour certaines plus du tout.

Le no make-up, c'est donc avant tout une réappropriation de son corps et de son visage. Ça ne veut pas dire qu'il faut l'adopter à tout prix, mais il est bon de savoir que, si on souhaite entreprendre une démarche pour se libérer des injonctions, on peut déjà se maquiller de façon moins systématique. On peut y aller par étapes et retirer du make-up petit à petit – commencer par ne plus mettre de fard à paupières, puis plus de blush…

GANG DE (SIMONE)

« Quand j'ai eu mon moment de rébellion, dont le monde a évidemment été témoin, je commençais juste à mieux me connaître. La question n'était pas : maquillage ou pas maquillage, mascara ou pas mascara, rouge à lèvres ou pas rouge à lèvres. Non. Le sujet, c'est comment tu t'exprimes et ce que tu revendiques pour toi-même. Et quelles limites tu te donnes. [...] Je veux qu'une femme ait le droit de choisir. Je pense qu'une femme devrait faire tout ce qu'elle désire en ce qui concerne son visage, son corps, sa santé. Quel que soit le mode d'expression qui te donne du pouvoir, c'est ce qui doit diriger tes actes. Ce que je ne veux pas, c'est cette attente ridiculement élevée et irréaliste en matière d'apparence à laquelle nous, en tant que femmes, sommes tenues. [...] Je ne suis pas esclave du maquillage. Je ne suis pas non plus esclave du no make-up. Je suis libre de mes choix à [chaque] moment. C'est mon droit. »

Alicia Keys

Ça peut se faire du jour au lendemain – c'est assez rare –, mais aussi sur plusieurs semaines voire plusieurs mois, pour que la transition soit plus facile. Bref, se maquiller si on le souhaite, par envie et non par obligation.

Les cheveux

Les cheveux, c'est toute une histoire. Ils touchent directement à notre identité de femmes. D'ailleurs, ce n'est pas pour rien que, lorsqu'on a les cheveux courts, on dit qu'on a une « coupe garçonne ». C'est le symbole ultime de la féminité. Et c'est sûrement pour cette raison qu'ils subissent autant d'injonctions… Ils doivent être de préférence longs et lisses, brillants et soyeux… On fait la chasse aux cheveux secs, cassants et aux fourches, aux cheveux gras et aux pellicules, aux cheveux gris, mais aussi aux cheveux crépus et frisés. En bref : le contrôle qu'on exerce sur le corps des femmes passe aussi par leurs cheveux. On les lisse, on les plaque, on les coupe, on les façonne pour qu'ils répondent à toutes sortes de critères… Quand on a une nature de cheveux qui s'y prête, c'est déjà compliqué, mais quand cette dernière ne correspond pas à ce que l'air du temps exige, ça peut devenir un vrai cauchemar.

J'ai passé mon adolescence à lisser mes cheveux. Je le fais encore de temps en temps, quand j'ai envie d'avoir des cheveux très lisses en soirée par exemple. Mais je me souviens qu'il y a quinze ans, il était impensable pour moi de sortir sans qu'ils soient raides. Au début des années 2000, c'était la mode. Mais les fers à lisser n'étaient pas aussi performants qu'aujourd'hui, et mes moyens financiers de toute façon pas suffisants pour investir dans un fer de qualité. Je passais donc des heures dans la salle de bains à les lisser : le soir avant d'aller me coucher et trente minutes, minimum, chaque matin. Et pourtant, figurez-vous que je n'ai pas les cheveux spécialement bouclés : ils sont dans un entre-deux, assez souples, finalement. Malgré tout, j'étais prête à faire n'importe quoi pour qu'ils soient les plus raides possible, ma meilleure ennemie étant la pluie. C'était « la honte » d'avoir le moindre frisottis.

Je me souviens, dans un élan de détresse, avoir essayé de les lisser au fer à repasser. C'est une technique que j'avais trouvée quelque part dans un magazine féminin. Alors, c'est pas évident, et encore moins si on le fait toute seule. J'étais terrifiée à l'idée de me brûler, évidemment. Et puis pour ne pas cramer mes cheveux (j'avais tout de même un semblant de bon sens), j'avais posé une serviette dessus. Vous ne serez pas surprises si je vous dis que ça n'a pas fonctionné...

Monde du travail et cheveux des femmes noires stigmatisés...

Il y a quelques années, alors que je regardais un film sud-africain, j'ai été très surprise de découvrir que les femmes noires portaient des perruques – des «wigs». Ça m'a intriguée, ce rapport différent qu'on a à nos cheveux selon notre culture, alors j'ai effectué quelques recherches... Et voici ce que j'ai notamment appris.

En février 2023, Dove et LinkedIn ont lancé la campagne #BlackHairIsProfessional dans le but de dénoncer les discriminations subies par les femmes noires du fait de la nature de leurs cheveux. Âmes sensibles, ne vous abstenez pas, parce que c'est édifiant, mais sachez que les chiffres qui vont suivre font pas mal flipper. Cette campagne a donc mis en évidence que les cheveux des femmes noires ont 2,5% de chance d'être perçus comme non professionnels. Et que, de fait, deux tiers des femmes noires changent leur coiffure pour un entretien d'embauche et 41% d'entre elles passent des cheveux bouclés aux cheveux raides. Cette obsession de notre société donne à 54% des femmes noires le sentiment qu'elles doivent se lisser les cheveux pour obtenir un entretien et près de la moitié des femmes noires âgées de moins de 34 ans ont le sentiment qu'elles doivent y consentir pour réussir leurs photos d'elles-mêmes.

Les femmes noires sont plus à même d'avoir des expériences négatives sur leur lieu de travail. Celles aux cheveux texturés sont même deux fois plus susceptibles de subir des micro-agressions sur le lieu de travail que les femmes noires aux cheveux lisses. On constate en outre que 20% d'entre elles ont déjà été renvoyées chez elles à cause de leur coiffure. Dans ce contexte, il n'est pas étonnant que «25% des femmes noires soient persuadées qu'un poste leur a été refusé à cause de leurs cheveux»... Instructif et... bien alarmant, n'est-ce pas?

GANG DE (SIMONE)

« Je suis née à Haïti, et j'ai été adoptée par des parents blancs. J'ai les cheveux très crépus et pas très longs. La société et le milieu dans lequel je vis ne m'ont jamais permis de savoir comment me coiffer et prendre soin de mes cheveux. Dans la ville où j'habite, à Clermont-Ferrand, il y a très peu de coiffeurs afro, donc ma mère a dû apprendre à faire des tresses. J'en porte depuis que j'ai 3 ans. J'ai beaucoup de mal à accepter mes cheveux crépus au naturel, alors je ne m'en défais pas. Il y a un an et demi, à force de voir des filles avec les cheveux lisses, j'ai voulu faire un défrisage… Ça a tout simplement détruit mes cheveux, c'était une grosse erreur et je regrette beaucoup. Et comme je n'arrivais pas à prendre soin de mes cheveux défrisés, j'ai refait des tresses. »

Louna, 20 ans

D'après une étude réalisée aux États-Unis, et menée par Ashleigh Shelby Rosette à la Fuqua School of Business de l'université de Duke, les femmes noires qui laissent leurs cheveux au naturel sont perçues comme moins professionnelles, moins compétentes, et sont donc moins recommandées que les femmes noires aux cheveux défrisés[11]. Forte de ces conclusions, la chercheuse se livre ensuite à un véritable plaidoyer qui m'ôte les mots de la bouche : « Les cheveux et les choix capillaires des femmes noires peuvent être très importants. Une femme noire qui arbore une coiffure naturelle ne devrait pas être considérée uniquement sur sa coiffure, alors qu'il s'agit peut-être simplement de la manière la plus facile, la plus saine et la plus rentable de se coiffer, compte tenu du coût des traitements de défrisage et de leurs effets négatifs potentiels sur les cheveux et le cuir chevelu. Ce n'est pas aux femmes noires de prendre des décisions différentes en matière de coiffure. Nous demandons aux gens de comprendre que cette différence existe. »

Ashleigh Shelby Rosette dénonce en outre les effets négatifs des produits défrisants sur les cheveux et le cuir chevelu. Ils contiennent en effet bon nombre d'ingrédients classés comme cancérigènes ou perturbateurs endocriniens. Ils provoquent par ailleurs des brûlures et autres démangeaisons, mais aussi des chutes de cheveux, comme le raconte l'actrice Issa Rae dans le documentaire tout à fait passionnant *The Hair Tales*[12]. Lorsqu'elle s'est fait défriser les cheveux pour la première fois dans un salon, c'était pour s'intégrer socialement, la pression sociale à l'école étant très importante. Mais ils n'ont pas supporté le produit, qui était beaucoup trop fort. Ils se sont cassés et sont tombés.

Dans *The Hair Tales* également, Oprah Winfrey raconte quant à elle la dualité dans laquelle elle a évolué. D'une part, son éducation lui a inculqué que ses cheveux étaient très précieux, mais aussi que plus ils étaient lisses, mieux c'était... Sa tante lui lissait les cheveux pour les occasions importantes. Précieux, mais sous condition.

Cette obsession des cheveux lisses, aussi absurde soit-elle, a des conséquences désastreuses, tant en matière de santé physique que mentale, et, comme on a pu le voir, elle s'immisce même dans la vie professionnelle. Il est donc primordial de donner de la visibilité aux cheveux des femmes noires, afin de les normaliser et de relativiser cette injonction capillaire raciste. Montrer la diversité et la pluralité des cheveux crépus donnerait en outre des référents aux femmes noires, et notamment aux petites filles, qui pourraient s'identifier.

Paye ton info

« Roucisme », c'est la contraction de « roux » et « racisme ». Si on ne peut comparer le cas des cheveux noirs et des cheveux roux – les roux·ousses n'évoluent pas dans une société qui a systématisé le racisme à leur égard –, ces derniers sont néanmoins victimes de nombreux préjugés négatifs et il n'est pas question de nier leur souffrance. Les roux « puent », « sont sales », « poil de carotte »... Ils sont pointés du doigt du fait de leur rareté, qui s'apparenterait à « une erreur ». C'est une discrimination qui ne date pas d'hier, en effet, puisque déjà au Moyen Âge, les traîtres – notamment Judas – étaient représentés avec une chevelure ou une barbe rousse.

Cheveux et identité

« Une femme qui se coupe les cheveux est une femme qui s'apprête à changer de vie. » J'ai toujours trouvé cette citation de Coco Chanel extrêmement superficielle... Mais je dois bien admettre qu'il y a un peu de vrai, là-dedans. Les cheveux en disent bien plus long sur nous que je ne voulais bien l'avouer. Ils reflètent bien souvent les étapes, les événements et les changements qui opèrent dans nos vies. Par exemple, il n'est pas rare de voir les femmes opter pour des cheveux plus courts après une grossesse, n'ayant plus vraiment le temps de s'occuper de leur tignasse.

Mais ce n'est probablement pas la seule raison pour laquelle les femmes optent pour des cheveux plus courts passé la trentaine... Les injonctions sur les cheveux vont bien au-delà de l'aspect physique. Dans un entretien avec *Le Journal du dimanche*[13] Marlène Schiappa remarquait : « Il y a un livre à écrire sur les cheveux en politique. Toutes les ministres ont eu soit les cheveux courts, soit les cheveux attachés. » Ce qui est assez vrai.

Elle-même a décidé de s'attacher les cheveux en chignon pour être « écoutée ». Est-ce que ça voudrait dire que les cheveux longs et libres seraient considérés comme un manque de sérieux, de discipline? Est-ce que ça voudrait dire qu'il faut se rapprocher des attributs et codes masculins pour se faire entendre? Je vous laisse juge…

Paye ton info

Les femmes mongoles se rasent le crâne lors de la ménopause. Quand les règles s'arrêtent, on estime en effet que la femme devient « pure » et « accède à un état qui l'assimile à un homme sans pour autant en faire son égale[14] ».

Les femmes se retrouvent donc encore une fois prises entre deux feux. Parce qu'elles seraient davantage prises au sérieux lorsqu'elles n'arborent pas une longue chevelure… mais il faut quand même qu'elles aient les cheveux longs. Eh oui, il ne faut pas trop s'en éloigner, ça fait mauvais genre. D'ailleurs, il n'y a pas si longtemps – mais cette pratique a existé dans de nombreuses cultures et on en trouve des traces dès le Moyen Âge –, les femmes soupçonnées d'avoir eu des relations intimes avec des Allemands ont été tondues… La perte des cheveux symbolisant alors la honte: c'est humiliant parce que ça rend visible leur faute. Mais ce qui est encore plus intéressant en ce qui nous concerne, c'est que s'attaquer aux cheveux des femmes était la meilleure des punitions parce qu'on estimait que ça les enlaidissait – notez qu'on évaluait ça comme une très grande souffrance – et que ça les punissait par là où elles avaient péché: leur pouvoir de séduction.

Plus récemment, et dans un contexte bien différent, l'acteur Chris Rock a balancé une blague plus que douteuse sur le crâne rasé de Jada Pinkett Smith, qui souffre d'alopécie*, lors de la cérémonie des Oscars en mars 2022 – ça a créé un scandale, puisque son mari Will Smith est monté sur scène pour coller une bonne gifle à Rock. Ce malheureux incident a permis d'ouvrir le dialogue sur l'alopécie, dont souffrent bon nombre de femmes, mais qui est encore incroyablement taboue. Elle est taboue parce que si les

GANG DE (SIMONE)

« Je voulais faire ça au moins une fois dans ma vie : me raser les cheveux. Les raisons principales qui m'ont poussée à le faire sont que je trouve ça magnifique, c'est un gain de temps et d'énergie, et puis je trouve que ça donne une image de "femme badass".

Au-delà d'aimer mon visage avec cette "coupe de cheveux", il y a quelque chose de très libérateur. On met un tel poids symbolique sur les cheveux des femmes (féminité, beauté, santé, apparence soignée…). Ne plus en avoir, c'est casser cette image qu'une femme ne peut être jolie QUE si elle a de beaux, robustes et longs cheveux. Raser ses cheveux, ç'a été une manière de m'approprier ma féminité autrement qu'à travers mes boucles brunes. C'est presque une revendication. Que je ne suis pas jolie (et féminine) qu'à travers mes cheveux, mais aussi à travers plein d'autres choses.

Je ne suis clairement pas passée à côté des remarques désobligeantes. Mes cheveux (et mon apparence de manière générale) ont toujours été un sujet de conversation dans mon entourage. Je suis issue d'une famille plutôt traditionnelle/bourgeoise, autant dire que mes grands-parents ne se sont pas retenus de me faire savoir qu'ils préféraient quand j'avais les cheveux longs. Et quand ce ne sont pas eux, c'est mon oncle "qui n'aime pas", le mari de ma tante qui proclame que "ce n'est qu'une phase" ou encore mon grand-père qui pense que mon changement capillaire est une preuve de mon orientation sexuelle. Beaucoup se permettent de donner leur avis alors que je ne leur ai généralement rien demandé. Ils ont finalement compris que leurs commentaires n'ont aucun impact sur la façon dont je m'habille ou je me coiffe. »

Julie, 25 ans

cheveux courts et le crâne rasé ont de plus en plus d'aficionados – merci Kristen Stewart et Emma Watson en 2010 –, ils sont encore bien loin de faire l'unanimité puisque l'on considère qu'une femme qui perd ses cheveux perd une partie de sa beauté, de sa féminité et de sa place dans la société.

C'est justement ce qui est arrivé à Britney Spears, qui, lorsqu'elle s'est rasé le crâne en 2007, s'est fait taxer de « folle ». Il y a une double symbolique du crâne rasé : d'une part son association à la folie, à la marginalité – avec les skinheads – ou encore à la maladie – du fait des effets secondaires de la chimiothérapie –, et, d'autre part, la marque d'un geste émancipateur véhiculant une image de femmes puissantes. Certaines décident donc de se raser les cheveux en réaction aux injonctions et pour casser les codes de beauté.

Se réapproprier sa beauté, ça passe par l'acceptation de ses différences, parfois même par des gestes un peu radicaux* en opposition aux injonctions, comme ne plus cacher ses boutons sous des couches de fond de teint, ou encore se raser la tête, ne pas porter de perruque alors qu'on perd ses cheveux, laisser ses cheveux crépus au naturel plutôt que de les lisser. Ça paraît tellement anodin, dit comme ça… Pourtant, comme on a pu le voir, c'est loin d'être évident de se démarquer à ce point et de sortir des rangs. Ça fera parler, ça fera jaser, mais si on essayait quand même de nous amuser avec les normes, de nous en détacher, de nous en éloigner pour enfin les faire plier ?

MOOD BOARD

Les comptes Insta à suivre

- @theblemishqueen, qui décomplexe le rapport à l'acné.
- @cequecheveux, qui parle cheveux crépus et santé mentale.
- @ninaturelle, la queen du cheveu bouclé au naturel !
- @hellopecia : c'est le compte qui informe sur l'alopécie et qui déconstruit les injonctions sur les cheveux.

Le livre à lire

La Vénus se rebelle d'Aurélie Marchi (Leduc, 2021) : une analyse de notre rapport stéréotypé aux cheveux vu par le prisme d'une femme qui s'est rasé la tête.

Le documentaire à mater

The Hair Tales, qui interroge des femmes noires et leur rapport à leurs cheveux.

L'article à lire

« La suprématie blanche et ses injonctions capillaires » de Ntumba Matunga, sur le site tetonsmarrons.com.

Chapitre 6

MON CORPS PARFAITEMENT IMPARFAIT

À défaut de dégommer les « imperfections », j'ai bien l'intention de mettre un bon coup de pelle aux injonctions du corps, cette fois-ci ! Ce corps parfaitement imparfait qui génère de grands tabous… créés de toutes pièces car basés sur des phénomènes tout ce qu'il y a plus naturel : les écoulements menstruels, la cellulite, les odeurs, les poils… Alors, c'est bien aimable de nous expliquer comment doit se présenter et fonctionner notre corps, mais non merci. Et si j'en termine par là, c'est qu'on arrive au climax du contrôle du corps des femmes – et au sommet de l'absurde par la même occasion – puisque sans poils, sans sang, sans cellulite, sans odeur, sans handicap, on obtient tout simplement un corps en plastique ! À force de créer des diktats et des idéaux, on en vient à essayer de faire de nous des êtres aseptisés, inhumains et figés.

La cellulite

En tête des complexes créés de toutes pièces par la société, j'ai nommé la cellulite ! Car, si c'est un phénomène tout à fait naturel, il n'est pas vraiment raccord avec l'injonction à la peau lisse et parfaite. Quand on sait que 90 % d'entre nous ont de la cellulite, ça en fait peu à avoir la chance d'échapper au désir de vendetta contre la peau d'orange…

C'était n'importe quoi dès le départ…

C'est en 1873 que l'on aurait vu apparaître pour la première fois dans un dictionnaire français le terme « cellulite » – dans la douzième édition du *Dictionnaire de médecine* dirigé par Littré et Robin[1]. Depuis cette époque, le terme désigne deux phénomènes très différents. Le premier, bien connu, est l'amas graisseux sous-cutané qui donne à la peau un aspect capitonné. Le second est « une infection bactérienne qui se propage et qui touche la peau et ses tissus sous-jacents. Cette infection est le plus souvent provoquée par des streptocoques ou des staphylocoques[2]. » Cette pathologie nécessite une prise d'antibiotiques. Cette cellulite-là, il faut donc lui faire la peau. Se pourrait-il que le fait d'utiliser un seul terme pour désigner deux choses si différentes, l'une conséquente, l'autre anodine, puisse avoir instauré une certaine confusion et influencé notre vision actuelle de la cellulite? Allez savoir...

Reconnaître son type de cellulite (quand on en a quelque chose à faire)

Pour celles que ça intéresse – parce que oui, un sujet qui fait autant parler, ça pose question –, sachez que dans la famille de la cellulite non dangereuse, il existe trois types: aqueuse, adipeuse et fibreuse.

- Cellulite aqueuse ou infiltrée: due à de la rétention d'eau et à une mauvaise circulation.
- Cellulite adipeuse: liée au poids et aux hormones.
- Cellulite fibreuse: elle peut être douloureuse au toucher, violacée. Elle est due aux fibres de collagène qui entourent les cellules graisseuses.

La troisième pouvant être douloureuse, il peut être nécessaire de s'en débarrasser. Il faut dans ce cas se tourner vers un spécialiste, car elle requiert des connaissances et techniques médicales spécifiques. Autrement dit, pas vers des marques de cosmétiques qui mettent en avant la lutte acharnée contre la peau d'orange. Elles, ce qui les intéresse, c'est le côté inesthétique de la peau en proie à la cellulite, histoire de surfer sur nos complexes. Comme d'habitude, on nous apprend à faire passer notre physique avant nos ressentis.

LE PETIT MOT DE MAMIE

Peau d'orange, tu te l'épluches et tu te la manges !

Paye ton info

Qui n'a jamais entendu dire : « C'est injuste, pourquoi les hommes n'ont pas de cellulite » ? Eh bien, ne prononçons plus cette phrase, parce que les hommes aussi peuvent avoir de la cellulite. La différence, c'est qu'ils ne la stockent pas aux mêmes endroits que les femmes : plutôt des hanches jusqu'à la nuque, alors qu'elles vont l'emmagasiner sur les hanches, les fesses et les cuisses. Les hommes sont cependant moins sujets à ce phénomène, car ils n'ont pas les mêmes manifestations hormonales. Et, surtout, on croit qu'ils n'en ont pas parce que, la cellulite sur les mecs, on s'en fout un peu. Alors, la bonne question, c'est plutôt : « C'est pas juste, pourquoi tout le monde s'en cogne, de la cellulite des hommes ? » Petit élément de réponse : le corps qu'on cherche à contrôler, c'est celui des femmes. Et la chasse aux capitons va aider à resserrer un peu plus cette emprise sur ce dernier.

Les crèmes anticellulite, les ventouses, les massages « pétrissage », les pubs qui ouvrent la chasse à la peau d'orange ou encore les magazines qui pointent du doigt les méchants capitons des stars, tout nous pousse à vouloir nous en débarrasser. Difficile de ne pas complexer face à cet acharnement, mais rappelons-nous que c'est un phénomène tout à fait normal et quasiment incontournable. Cependant, comme en témoigne Anne-Laure – elle nous parle de son rapport à la cellulite juste après –, ce n'est pas une mince affaire de se détacher des injonctions, d'autant plus quand on est conditionnées depuis gamines. Mais si déjà, comme elle, on arrive à avoir un regard bienveillant – ou a minima neutre – sur les pseudo-défauts des autres, alors on réussira peut-être, petit à petit, à se mettre moins de pression et à se foutre des nôtres.

« Je me suis rendu compte récemment que j'utilisais déjà des crèmes anticellulite à 16 ans… 16 ans ! Ma mère, ma sœur et moi achetions des magazines féminins dans lesquels on nous disait de s'en fiche mais, à côté de ça, tout ce qu'on voyait, c'était des photos de femmes fines et lisses.

J'ai toujours de la cellulite, j'essaie de me l'approprier tant bien que mal et de porter une jupe ou un short même si je sais qu'elle se voit. Je fais un peu plus de sport, ce qui m'aide à l'accepter un peu plus. Mais je trouve toujours mes jambes laides quoi que je fasse, et ce malgré le regard bienveillant de l'homme qui m'aime. L'ambivalence du truc, c'est que je trouve mes défauts immondes alors que, sur les autres, je les trouve mignons… »

Anne-Laure, 38 ans, qui essaie d'accepter sa cellulite, mais c'est un combat de tous les jours !

YES SHE CAN

PÈRE MONCORPS, RACONTE-NOUS UNE HISTOIRE !

Et si ce que vous considérez comme des défauts et des imperfections racontait en fait votre histoire ? Pour faire la paix avec votre corps, essayez, le temps de cet exercice, de changer de point de vue sur lui…

Listez les éléments qui vous complexent, qui vous gênent, qui vous font vous sentir pas aussi « lisse » ou « normale » que vous le souhaiteriez, mais que vous pouvez relier à votre vie. Il peut s'agir d'une cicatrice survenue après un accident, une césarienne ou un exploit, d'une tache de naissance que quelqu'un d'autre a peut-être à un autre endroit dans votre famille, des vergetures survenues après une grossesse… N'importe quoi qui n'appartient qu'à vous.

En vous remémorant l'histoire derrière ces éléments, qu'elle soit empreinte de joie, d'amour, de nostalgie ou de tristesse, vous vous réappropriez votre corps. Cet exercice permet en effet de se reconnecter à ce qu'il est vraiment, à ce qu'il représente, non pas pour la société, mais pour vous et en soi. Il peut également aider à mieux l'accepter : oui, le corps change, il évolue, comme nous, et heureusement : le corps, c'est la vie !

À vous !

La vulve et le vagin

Je ne vais pas y aller par quatre chemins: tout est fait pour qu'on ait honte de notre vulve. Même sur les produits censés lui faire du bien, le mot « vulve » est proscrit. C'est dire ! On parle de produits « intimes » ou « d'en bas »... Laissez-moi rire. Alors, évidemment, on va avoir des choses à se raconter, en matière de complexes, dans cette partie...

On en apprend tous les jours – sur le vagin notamment

Il y a quelques mois, j'ai reçu un mail dont l'objet m'a intriguée: « Collaboration cosmétique vagin ». Je l'ai ouvert, oscillant entre curiosité et perplexité... Et je n'ai pas été déçue: on me proposait de tester du parfum pour la vulve. Si ce dernier avait le mérite d'être bio et naturel, je ne peux m'empêcher de me demander comment on en arrive à vouloir se parfumer la chatte... Je suis peut-être naïve, mais je ne savais même pas que ce type de produits existait. Je connais bien évidemment les prétendues « problématiques » liées aux odeurs vaginales. Qu'on a là encore créées de toutes pièces, puisque ces odeurs sont tout à fait naturelles et sont une marque comme une autre du fonctionnement de notre corps. Et, compte tenu de tout ce que l'on sait maintenant, c'est-à-dire qu'on n'en a pas fini d'exploiter le corps des femmes pour vendre des conneries, on n'est pas étonnées que certain·e·s se soient emparé·e·s du sujet pour leur business.

Quoi qu'il en soit, j'ai fait quelques recherches qui m'ont laissée sans voix sur les produits, parfums mais aussi déodorants, conçus pour nous rendre « plus fraîches » et pour masquer les odeurs corporelles provenant de notre précieux vagin, et j'y reviendrai au cours de cette partie, notamment page 131.

Oui, chaque vagin a une odeur, une odeur qui lui est propre

Depuis qu'on est en âge de se préoccuper de notre vagin, à savoir depuis qu'on est menstruées, on subit une pression dingue sur l'odeur que ce dernier peut dégager. Et si on venait à l'oublier, nos protections périodiques

« anti-odeurs » nous le rappellent chaque mois alors qu'on empoigne une boîte de serviettes pour s'en coller une dans la culotte. Des serviettes dites « hygiéniques ». Dieu que ce mot m'irrite. Mais je dois bien admettre qu'il a été parfaitement choisi pour nous faire croire que notre vagin était sale, que nous devions le rendre propre. *Spoiler alert* : il est déjà propre. Question ménage, il est même magique, puisqu'il est autonettoyant. N'en déplaise aux industries qui cherchent à nous décaper la vulve à tout prix à coups de sulfates et autres phtalates – eh oui, ce sont les sécrétions vaginales qui sont hygiéniques, pas les tampons ! Des ingrédients qui ne sont pas aussi *friendly* que les packagings de ces produits veulent bien nous le faire croire…

Tout nous pousse ainsi à croire que les odeurs qui se dégagent de notre culotte ne sont pas normales. Alors, bien sûr, si l'odeur est particulièrement forte ou inhabituelle, il est primordial de consulter un·e médecin ou un·e gynécologue, car certaines infections peuvent être à l'origine de ces symptômes. Cela étant dit, tous les vagins dégagent une odeur, c'est physiologique, c'est ainsi. Il n'y a aucun mal à ça. Elle est liée à l'acidité du pH. Et chaque vagin a une odeur qui lui est propre, parce que nous sommes tous·tes différent·e·s. Cette odeur peut en outre varier en fonction de facteurs extérieurs : ce que l'on mange pourrait avoir une influence, de même que les produits lavants que l'on utilise, le sperme après un rapport sexuel qui peut modifier légèrement le pH du vagin car il est alcalin[3]… Et l'odeur peut évoluer, surtout, en fonction des changements hormonaux et donc du cycle menstruel (pendant les menstruations par exemple, elle est encore plus acide voire métallique). Il est aussi normal que l'odeur de notre vagin change en fonction de si l'on est ménopausé·e ou non, si l'on est enceinte… Mais ce qu'il faut retenir, c'est que, de manière générale, ce dernier peut dégager une odeur plus ou moins forte* et c'est NORMAL.

Lâchez-nous la vulve !

Le fait de nous pousser à considérer ces odeurs comme un problème amène certain·e·s personnes à mettre du déo sur leur sexe ou encore du parfum dans leur culotte, ce qui peut provoquer des réactions allergiques ou des brûlures des muqueuses. Aux États-Unis, une femme sur cinq âgée de 15 à 44 ans pratiquerait la douche vaginale[4], qui consiste à s'injecter de l'eau ou un produit antiseptique dans le vagin à des fins prétendument hygiéniques. Malheureusement, cela a pour effet de dérégler la flore vaginale et de rendre le vagin plus vulnérable aux infections, voire pire. Je récapitule : les odeurs vaginales sont la norme, elles sont naturelles. Elles ne sont donc en aucun cas un problème ou une anomalie physiologique.

Paye ton info

On constate une demande grandissante de réjuvénation vaginale, qui consiste à resserrer le vagin, de nymphoplastie, qui vise à rétrécir les petites lèvres, mais aussi d'augmentation des grandes lèvres ou encore de blanchiment anal... Les actes de chirurgie de « l'intime » ont de plus en plus la côte. Selon Gilbert Vitale, président de la Société française des chirurgiens esthétiques plasticiens, la cause est évidente : « les jeunes sont très influencés par le porno et se comparent à ce qu'ils voient. Ils font vite un complexe pour tout[5] ! ».

Alors comment en arrive-t-on à de telles pratiques, qui, sous prétexte de résoudre ce problème inexistant, créent des problèmes réels ? Parce qu'on veut nous faire complexer pour ensuite nous vendre des produits et, concrètement, se faire de l'argent sur notre dos. Talc, lingettes intimes nettoyantes, déo, douches vaginales, protections anti-odeurs et maintenant parfum ou déo pour le vagin : on nous markette à la tronche qu'il ne faut rien sentir, que le vagin n'a pas d'odeur. Ce n'est pas de votre faute si vous complexez : c'est parce qu'on veut nous faire croire que quelque chose cloche avec notre sexe ! Ce qui est faux, comme vous le savez.

Les règles de Schtroumpfettes

Les règles ou les menstruations ont été LE tabou par excellence en ce qui concerne le corps des femmes et des personnes menstruées* pendant des années ! On commence à les dédramatiser, mais il y a encore du chemin à parcourir. La première fois que j'ai eu mes règles, je savais de quoi il s'agissait, mais je n'ai pas osé en parler à ma mère. Alors je l'ai écrit sur un petit papier que je lui ai donné. J'avais un peu honte.

Cette honte, elle m'a été inculquée par la société depuis que je suis en âge de comprendre de quoi on parle. À travers les pubs pour protections périodiques dans lesquelles le sang est remplacé par du liquide bleu (#RèglesDeSchtroumpfettes), me laissant deviner qu'il y avait donc quelque chose à cacher. Au collège, aussi, puisqu'on se moquait des filles qui avaient des taches de sang sur leur pantalon ou qu'on les tournait en ridicule parce qu'elles étaient « énervées », ou encore qu'on les traitait de « fillettes » parce qu'elles se plaignaient de douleurs… On m'a donné des tampons et des serviettes parfumées, pour que le sang qui s'écoule de mon utérus ne sente surtout pas mauvais. On m'a appris qu'il fallait cacher qu'on avait ses règles, ne pas trop en parler et que, quoi qu'il arrive, il fallait souffrir en silence.

Paye ton info

Ragnagnas, lunes, coquelicots, indisposition, mauvaise période, période rouge, semaine ketchup… Il y a moult noms (un peu débiles) pour désigner les règles sans les nommer. Puisque les règles, c'est tabou, on adopte une stratégie d'évitement. Or, ne même pas pouvoir prononcer le mot « règles » ou « menstruations » en société, c'est quelque chose de très fort et qui nous renvoie une fois de plus à l'idée que c'est mal, que c'est sale, presque une faute. Les règles, ou celles dont on ne doit pas prononcer le nom…

Tampons et syndrome du choc toxique

Ça fait quelques années qu'on parle un peu plus des menstruations, grâce au travail acharné de militantes féministes – comme d'hab. À force de pressions, on normalise un peu tout ça, on commence à étudier les choses en profondeur, et on découvre… que les tampons et autres protections périodiques ne sont pas aussi *safe* qu'ils y paraissaient. Pour faire simple, on utilise par exemple du chlore pour le blanchiment des tampons, un élément particulièrement nocif. Cette étape de la fabrication engendre en effet des hydrocarbones chlorés, un groupe de produits chimiques très dangereux pour la santé. Parmi ces derniers, on retrouve la dioxine. Suite à de nombreuses plaintes, le chlore a donc été remplacé par du dioxyde de chlore, censé ne plus produire de dioxine. Problème : ce n'est pas le cas. Si ce procédé réduit la quantité de dioxine, il ne l'élimine pas complètement. Il y a donc toujours des traces de dioxine dans nos tampons. Or, ce n'est pas la quantité de dioxine qui constitue un danger, c'est le simple fait qu'elle soit là.

Bien sûr, la dioxine n'est pas la seule substance chimique que contiennent nos tampons. On y trouve aussi des désodorisants et des parfums synthétiques pour lutter contre les odeurs, mais aussi des amplificateurs d'absorption. Or, les fibres de viscose synthétique présentent elles aussi des dangers pour la santé. Elles sont notamment abrasives pour la paroi vaginale et peuvent ainsi provoquer des ulcérations, qui augmentent les risques de contracter une MST. Des études ont montré que ces fibres sont à l'origine du syndrome du choc toxique. Le choc toxique staphylococcique (SCT) est « une maladie aiguë grave pouvant survenir au cours des règles lors d'utilisation de dispositifs vaginaux (tampons, coupes menstruelles) chez des patientes souvent jeunes, en bonne santé et porteuses de la bactérie *S. aureus* productrice de TSST-1 au niveau vaginal[6] ». Le SCT reste rare, cependant, le nombre croissant de cas inquiète les scientifiques. C'est une maladie qui est aussi malheureusement difficilement détectable, faute d'information.

Eh oui, parce que, à force de ne jamais parler des règles, on ne nous dit pas clairement à nous, en tant que consommatrices de tampons et coupes menstruelles, qu'il ne faut surtout pas les porter plus de six heures d'affilée ou pendant la nuit et qu'on risque littéralement notre vie en les insérant dans notre vagin !

Bon sang

Ça y est, on montre enfin du liquide rouge à la place du liquide bleu dans les pubs pour protections périodiques... mais ce n'est pas gagné pour autant ! Même si le faux sang est bien rouge, il n'est pas réaliste pour autant. Il montre le « bon sang » : bien rouge tirant vers le rose, très clair, dénué de caillots... Alors qu'en réalité, selon le moment du cycle, le sang prend des aspects différents. Il peut par exemple être très foncé, voire marron, en début de cycle, avec beaucoup de caillots de sang, et rose clair en fin de cycle, ou l'inverse. On a toutes des pertes de sang différentes qui fluctuent en fonction des cycles. C'est normal !

Paye ton info

Le flux instinctif libre, qu'est-ce que c'est encore que ce truc ? Alors, le flux instinctif libre, ou FIL pour les intimes (en anglais, c'est *free flow instinct*), c'est le fait de ne pas porter de protection périodique et de laisser le sang s'écouler volontairement avec son urine – quand on va faire pipi, quoi. C'est une pratique qui, si elle présente certaines contraintes, peut aussi avoir de nombreux avantages comme celui de ne plus utiliser de protections. Mais certaines personnes affirment aussi que les douleurs menstruelles sont moindres depuis qu'elles pratiquent le FIL[7].

Protections périodiques et charge mentale

Saviez-vous que, ici, en France, certaines femmes n'ont pas accès aux tampons et autres serviettes qui leur permettraient de vivre sereinement leurs menstruations ? Il faut dire que, pendant de nombreuses années, les protections périodiques n'ont pas été considérées comme des produits de première nécessité, et furent donc taxées tout ce temps à 20 %, comme les produits de luxe. Depuis 2015 et suite à de nombreuses luttes menées par les associations féministes, la taxe est passée à 5,5%. Cependant, ce n'est pas suffisant, les protections périodiques restent trop chères pour certaines personnes. Selon une estimation du *Monde*[8], les dépenses des femmes liées à leur menstruation peuvent représenter jusqu'à 5% de leur budget, avec les coûts annexes (visites chez le gynéco, renouvellement de la lingerie, du linge de lit…). Les protections devraient être gratuites, remboursées par la sécu. C'est un produit de première nécessité, on ne PEUT PAS s'en passer – sauf évidemment les warriors qui arrivent à pratiquer le flux instinctif, mais ce n'est clairement pas la majorité des personnes menstruées.

Et si désormais, au travail, dans les établissements scolaires, dans les bars, dans les restaurants, dans les festivals, bref dans tous les lieux publics, on pouvait avoir accès à des protections périodiques distribuées gratuitement dans les toilettes? Ça nous enlèverait une sacrée charge mentale – parce que quelle galère de toujours devoir penser à avoir des protections sur soi alors qu'on est tellement nombreuses à avoir des cycles complètement irréguliers… C'est désormais le cas en Écosse où, depuis août 2022, les protections périodiques sont disponibles gratuitement dans «les bibliothèques, les piscines, les gymnases publics, les mairies et autres bâtiments des collectivités, les pharmacies, ainsi que chez les médecins[9]».

Une initiative qu'il faut saluer et qu'on a hâte de voir adoptée partout.

Les galères de règles

Qu'il s'agisse de toilettes pas adaptées, qui manquent de papier, dont les chasses d'eau ne fonctionnent pas correctement, avec les lavabos à l'extérieur… On s'est tous·tes retrouvé·e·s, un jour, en galère à cause de nos règles. Changer sa cup, son tampon ou n'importe quelle autre protection périodique, ça peut relever du véritable parcours du combattant, qu'on soit au travail, au restau, ou pire, en festival! Ça représente un sacré stress pour nous. Et c'est définitivement pas normal.

Paye ta stat'

Et sans même parler de menstruations… Aller aux toilettes quand on a un utérus, c'est toujours compliqué. Le temps d'attente dans les toilettes dites « pour femmes » serait 34 fois supérieur à celui des toilettes « pour hommes » au Royaume-Uni[10]. Et si le temps d'attente est plus long de notre côté, c'est pour la simple et bonne raison que les toilettes « pour hommes » sont plus nombreuses[11] !

Les poils

Bienvenue dans le paradis des poils – ou du non-poil ! Les rois du double standard : valorisés chez les hommes, socialement inacceptables chez les femmes ! Ah, les poils. De si petites choses, cause de si grands complexes…

Pour qui s'épile-t-on ?

Le premier confinement dû au Covid-19 m'a permis de réaliser un truc : je ne m'épile ni pour moi ni pour les autres. Pas pour moi, parce que je n'y prends aucun plaisir, ça me fait mal, ça me coûte de l'argent et ça me prend du temps. Pas pour les autres, ou en tout cas pas autant que je le pensais, parce qu'après plus d'un mois sans épilation, je me suis finalement rasé les jambes alors que je ne voyais personne.

Mes nombreuses lectures féministes m'avaient aidée à déconstruire l'idée que je m'épilais pour moi, que c'était un choix personnel, que c'était une question de goût parce que je n'aimais pas les poils. Alors pourquoi ai-je dégainé mon rasoir dans la salle de bains après quelques semaines de confinement ? Pour faire taire ce malaise que je commençais à ressentir par rapport à mes jambes poilues. Autant, ça ne me pose pas de problème de sortir avec des poils de 2 mm, j'ai complètement lâché prise sur l'idée de ne pas être épilée « nickel », autant, voir mes jambes avec des poils longs, c'est différent. Et je n'en supportais plus la vue. Ça commençait presque à me dégoûter. Ça me dégoûtait, moi, ce n'était pas la crainte du dégoût de l'autre puisque j'étais toute seule. Pourquoi est-ce que ça m'est arrivé à ce moment-là ? La météo était assez clémente et je troquais donc mes joggings contre des shorts et mes poils étaient plus visibles. L'hiver, même si je ne m'épile pas, je ne suis pas confrontée à la vue de mes poils puisqu'ils sont cachés sous mes vêtements, la plupart du temps. Et l'été, dès qu'ils sont un peu trop longs, je les rase. Pendant ce confinement, c'est la toute première fois que je me suis retrouvée confrontée à mes poils comme ça, sans le regard des autres, juste le mien. Et je suis choquée de ce que j'ai ressenti.

Alors si je ne m'épile pas pour moi ni pour les autres, je le fais pour qui, pour quoi ?

Je m'épile parce que, en tant que femme, on m'a appris à détester mes poils. « On », c'est les magazines, les pubs pour l'épilation, les moqueries au collège, les réactions quand on parle de « non-épilation », la représentation de la femme en général, partout, tout le temps. Ce « on » nous a appris que les poils sur une femme, c'est moche, c'est sale. Il faut les enlever, à tout prix. Et si on en a, il ne faut jamais les montrer, il faut les cacher. Alors, à toutes les personnes qui diront : « On ne demande pas aux femmes de s'épiler, c'est un choix personnel »... Non, c'est faux. On banalise cet acte et on ne cherche même plus à prouver qu'il faut s'épiler, on part du principe que toutes les femmes le font : dans un article sur les dangers de l'épilation à la cire et au rasage, un célèbre magazine féminin que je feuilletais un jour proposait ainsi comme seule alternative l'épilation définitive. À aucun moment il n'était question de ne pas s'épiler du tout et de laisser pousser ses poils.

Une représentation de la femme systématiquement imberbe

On nous a toujours, en tout cas pour ma génération, montré des femmes imberbes, qu'il s'agisse des aisselles, des jambes, du maillot ou encore des bras. C'est la norme, qu'on le veuille ou non, qui s'est imposée ces dernières décennies.

GANG
DE
(SIMONE)

No shave,
no shame.

Anonyme

Si j'avais vu plus de femmes avec des poils dans les séries, dans les films, dans les pubs… peut-être que, aujourd'hui, je ne serais pas dégoûtée à la vue de mes propres poils comme ç'a été le cas pendant ce confinement. Peut-être que ce ne serait pas plus compliqué pour moi de voir mes jambes recouvertes de poils que de me raser, de m'épiler, de me couper, d'avoir mal. On en est arrivé à un point où c'est plus « simple » de souffrir que se supporter au naturel…

Aujourd'hui, il est important de « débanaliser » ce geste, parce que s'épiler n'est pas si anodin qu'on veut bien nous le faire croire. Notamment parce que l'estime de soi pâtit de cette injonction puisque des poils, on en a plein, à plein d'endroits. De fait, les complexes sur les poils sont très forts… Parce qu'on nous a appris depuis notre plus tendre enfance à ne pas aimer notre corps au naturel. Pour ma part, quand j'ai réalisé que j'en avais encore plus qu'avant après l'arrêt de la pilule, mon complexe s'est aggravé. Heureusement, à coups de lectures féministes, à force de voir des femmes avec des poils, sur les jambes, sous les bras, dépasser de leur maillot de bain, bref, si on s'entoure bien, on peut intégrer qu'il est normal d'en avoir, qu'on n'a pas à complexer. Et l'estime de soi peut même commencer à remonter.

Paye ton info

Il y a quelques années, la marque américaine de rasoirs jetables Billie a lancé une campagne de pub dans lesquelles on pouvait voir des femmes avec des poils sous les bras, qui dépassent de leur maillot de bain, sur les jambes, du nombril au pubis… C'est une petite victoire, quand on sait que d'ordinaire, même dans les pubs pour produits dépilatoires, les poils sont tabous !

L'épilation, un danger pour la santé ?

Au-delà du mal-être et de la baisse de l'estime de soi que peut provoquer chez nous l'injonction à nous épiler, elle met aussi en péril notre santé, comme on va le voir. Il est donc très malvenu de nous dire que notre combat, en tant que femmes ou féministes, pour laisser pousser nos poils tranquillement, n'est pas important. Si on considère, en plus, comme l'affirme un sondage Ifop de 2021, que 72% des Françaises s'épilent le maillot, par exemple, il est clair que c'est un sujet très important, qui concerne pas mal de monde !

L'épilation du maillot

Le rasage est irritant pour la peau, sans parler de l'épilation à la cire, cire qui est généralement composée d'ingrédients nocifs pour la santé (allergènes, perturbateurs endocriniens, substances cancérigènes…), en plus de provoquer des brûlures.

En outre, si l'on en croit le docteur Emily Gibson, qui n'est rien moins que la directrice du centre de recherche sur la santé de l'université de Washington, « l'épilation pubienne irrite et déclenche une inflammation des follicules pileux, laissant des plaies microscopiques ouvertes (pas forcément visibles à l'œil nu). Une épilation fréquente […] a pour effet d'entraîner une irritation régulière de la zone rasée ou épilée à la cire. Combiné à la lumière et à l'environnement humide des organes génitaux, cela devient un milieu propice à la multiplication des plus mauvaises bactéries pathogènes. **Certains cliniciens constatent que les zones pubiennes et les organes génitaux fraîchement rasés sont également plus vulnérables aux infections herpétiques en raison des blessures microscopiques exposées au virus, véhiculé par la bouche ou les organes génitaux.** Il peut également y avoir une vulnérabilité à la propagation d'autres IST[12]. » Attention : cela ne veut absolument pas dire que ne pas s'épiler protège des IST, mais simplement que les poils sont là pour une raison bien précise, protéger notre corps (voir aussi page 28).

L'épilation définitive : effets secondaires et dangers

Il est compliqué de trouver des informations claires sur les dangers de l'épilation au laser ou à la lumière pulsée, en dehors des brûlures qu'elle peut occasionner. Les brûlures sont d'ailleurs généralement banalisées, comme si ce n'était rien, puisque temporaire. Pour avoir été brûlée, non pas à

GANG DE (SIMONE)

« J'ai arrêté de m'épiler en 2016. Avec ma meilleure amie, on s'est mis en tête de ne pas toucher à nos poils de juillet à septembre. On a donc passé l'été poilues ! On s'est dit que si on y arrivait, on serait capables de tout faire. Les premières semaines ont été les plus dures, mais comme on était toutes les deux, on s'est soutenues. On s'est dit que, au pire, si ça ne nous plaisait pas, on enlevait tout le 1er septembre, mais que, en attendant, on économisait du temps, de l'argent et de la douleur... que des avantages !

Je bossais en saison, à ce moment-là, je transpirais pas mal et je me suis rendu compte que je transpirais beaucoup moins avec mes poils. Étonnamment, je me sentais plus propre avec des poils que sans. À un moment, je n'ai plus supporté de les voir, mais je n'avais pas non plus envie de les épiler, alors je les ai teints en violet ! C'est un peu comme aller chez le coiffeur et changer de couleur quand on en a marre de sa tête. Ça a plutôt bien fonctionné. J'étais contente de les voir, je les trouve beaux quand ils sont violets.

Cette expérience nous a vaccinées et maintenant, on peut tout à fait passer un an sans toucher à nos poils. Et quand on a envie de s'épiler, on le fait, pour nous. Les gens ne remarquent généralement rien, surtout les hommes. Les femmes, elles, un peu plus, elles peuvent avoir un petit mouvement de surprise. Je n'ai pas eu de remarques désobligeantes du genre "c'est sale", à part avec mes parents. Ils se permettent de me faire des commentaires, et ça arrive aussi dans certains salons d'esthétique dans lesquels j'ai pu travailler. Des collègues m'ont dit que c'était "dégueulasse".

D'ailleurs, quand je commençais à travailler dans un nouveau salon de beauté, je cachais mes aisselles pas épilées pendant ma période d'essai parce que je savais que ce serait rédhibitoire. Ce n'est pas quelque chose qu'on peut faire ouvertement dans ce milieu, même si c'est interdit de renvoyer quelqu'un pour ça. Je viens donc en manches un peu plus longues et je ne montre pas du tout mes jambes, même s'il fait chaud. Et quand je ne suis plus en période d'essai, je ne fais plus attention, je ne me cache plus !

Marine, esthéticienne
(voir page 27)

cause d'un appareil à épilation définitive, mais par de la cire – dans un salon d'esthétique –, je peux affirmer que c'est extrêmement douloureux. Selon l'Agence nationale de sécurité sanitaire de l'alimentation, de l'environnement et du travail (l'Anses), le principal problème de l'épilation définitive réside dans l'utilisation non encadrée d'appareils à lumière pulsée, par exemple, par des particuliers qui ne sont pas formés[13]. Mais la journaliste Rica Étienne et le docteur Jean-Marc Bohbot, co-auteur·ice·s du livre *Microbiote vaginal*[14] nous conseillent fortement, suite à leurs recherches, de ne pas nous épiler définitivement, car c'est selon eux ce qu'il y a de plus dangereux. Comme dit pages 28 et 141, les poils ont un rôle protecteur, afin d'éviter les infections de la peau, de la lubrifier, de permettre la migration des « bonnes bactéries » pour préserver la flore vaginale après un rapport sexuel… Par ailleurs, l'épilation au laser peut dans certains cas perturber la lubrification de la peau en détruisant la petite glande sébacée qui en est chargée.

Compte tenu de tous ces éléments, il semble nécessaire d'arrêter de banaliser cet acte, tant pour l'estime de soi que pour la santé. Il est important de montrer des femmes avec des poils, pour que les nouvelles générations ne se construisent pas sur l'idée que les leurs sont inesthétiques et sales. Ce serait bien que ces générations fassent réellement le choix personnel de s'épiler ou non, qu'elles aient des repères moins standardisés et que la norme ne soit plus aussi étriquée, mais qu'elle réside dans la diversité. Et que ce soit plus facile pour les femmes de sortir non épilées, sans se prendre la tête et se sentir mal au point de s'empêcher d'aller à la piscine parce qu'elles ont deux poils qui se battent en duel.

Les handicaps physiques et le validisme

Avant toute chose, expliquons ce qu'est le validisme. Le validisme, c'est un système qui pense et organise les choses pour et par les personnes valides (personnes qui ne souffrent d'aucun handicap) sans prendre en compte les besoins et la réalité des personnes handicapées. Par exemple, dans notre société, les trottoirs ne sont pas forcément adaptés aux personnes en fauteuil roulant, la norme sociale étant les personnes valides. Alors, forcément, quand on ne nous laisse pas de place, on ne se sent pas… à sa place. Et c'est la porte ouverte à tous les complexes.

Le validisme

Mon grand-père a perdu une de ses jambes quand il avait 16 ans, alors le handicap physique, j'y suis confrontée depuis que je suis née. Enfin, plus ou moins, parce que mon grand-père a toujours caché sa «jambe». Je ne l'ai jamais vu en short, même sous 35 degrés, et encore moins sans sa prothèse. On en parlait, de sa jambe, on ne faisait pas comme si de rien n'était, mais les seuls moments où j'apercevais sa prothèse, c'était quand il était assis et que son pantalon remontait: je voyais alors 5 cm de plastique entre son pantalon et sa chaussette, qu'il essayait de remonter le plus haut possible.

Ça m'a fait réaliser qu'on ne les voit pas beaucoup, les handicaps physiques, ça ne fait pas partie des standards de beauté. Concernant mon grand-père, si ça ne se remarquait pas, c'est parce qu'il s'interdisait de faire un sacré paquet de choses: il ne s'est plus jamais baigné dans une piscine ou à la plage à partir de ses 16 ans. Vous pouviez seulement deviner qu'il boitait, mais pas qu'il avait une jambe en moins.

On lui a appris dès tout petit qu'il ne fallait pas montrer sa différence. Je ne sais pas s'il en avait honte, mais il n'en était pas fier, ça, c'est certain. Et c'est assez normal qu'il ait ressenti ça, dans le fond: les personnes en situation de handicap sont complètement invisibilisées dans notre société, voire effacées, rien n'est adapté pour elles, leur différence les exclut de la société. Alors, comment ne pas se sentir hors norme?

Paye ton info

En 2018, la Frida Kahlo Corporation, fondée par des membres de la famille de l'artiste, a obtenu l'interdiction de la commercialisation par le groupe Mattel d'une poupée Barbie à l'effigie de Frida. En cause, des conflits de propriété intellectuelle, mais aussi le fait que l'apparence physique de la poupée ait été déracisée: sa peau apparaît plus claire, son monosourcil est quant à lui bien moins fourni et le handicap de l'artiste a complètement disparu…

Les femmes handicapées, selon la professeure Rosemarie Garland-Thomson[15], spécialisée dans les études sur le handicap et la théorie féministe, sont considérées comme asexuées, inaptes à la reproduction, trop dépendantes, peu attirantes. Ainsi, elles sont balayées d'office de la sphère de la « vraie féminité » et de la beauté.

Des diktats de beauté validistes

Il y a peu, j'ai regardé la série *Special* sur Netflix, qui suit Ryan, un jeune homme gay atteint de paralysie cérébrale légère. Elle traite donc notamment du handicap et de l'homosexualité. Le handicap de Ryan est visible, puisqu'il présente une incoordination musculaire, ce qui lui donne une démarche particulière. Dans un épisode, il prononce cette phrase qui m'a beaucoup marquée, quelque chose du genre : « *The world is not ready for a crazy leg.* » Ce qui veut dire : « le monde n'est pas prêt pour une patte folle ». C'est bien triste, mais encore malheureusement trop vrai !

Pourtant, on avance, doucement, mais sûrement ! Afin de rompre avec les stéréotypes de beauté validistes, certaines marques commencent à faire employer des mannequins en situation de handicap, comme Brenna Huckaby, qui a posé avec une prothèse de jambe visible pour *Sports Illustrated Swimsuit*, ou encore Rajee Aerie, qui pose avec ses béquilles. Elles sont encore trop peu nombreuses à passer devant l'objectif ou à fouler le catwalk, mais on espère en voir de plus en plus pour que les femmes en situation de handicap puissent enfin être représentées dans le domaine de la beauté et des role models auxquels s'identifier.

GANG DE (SIMONE)

Ça fait cinq ans que je suis photographe sur l'île de Majorque. Je fais du *personal branding* et produit, mais je suis aussi spécialisée dans les photos de femmes, et c'est tout naturellement que j'en suis venue à la photo boudoir. Il s'agit de portraits sensuels et intimes de femmes, d'hommes ou de couples. C'est un genre qui se veut sexy, mais tout en élégance et toujours sophistiqué. Il a pour but d'aider les femmes à réaliser à quel point elles sont belles, sexy, parfaites comme elles sont, à accepter leur corps, à s'aimer et à prendre confiance en elles.
Faire un shooting photo boudoir sert avant tout à se célébrer, célébrer son corps, et booster sa confiance en soi. C'est aussi l'occasion d'avoir des photos sexy à envoyer à son ou ses partenaires (ou ses meilleur·e·s ami·e·s).

Mais même quand l'objectif est d'offrir des photos sexy à leur partenaire, à la fin, les femmes le font pour elles.
Après leur séance et avant même d'avoir vu les photos, elles se sentent reboostées, elles ont pris un moment pour elles et elles ont investi de l'argent pour elles. Beaucoup pleurent de joie en voyant les images, elles ont du mal à croire que c'est elles, qu'elles peuvent être comme dans les magazines ou les photos qu'elles voient sur les réseaux. Ça les aide à s'accepter et à se donner confiance en elles, à révéler leur pouvoir intérieur.

Adèle Chrétien, 27 ans,
photographe
(@byadeleboudoir)

YES
SHE CAN

LA PHOTO POUR CÉLÉBRER SON CORPS

La beauté n'est pas seulement celle édictée par la société à travers ses diktats. Elle est multiple, et si vous avez encore du mal à y croire vous concernant, la photo boudoir peut vous aider. Comme en a témoigné Adèle Chrétien, elle offre un autre regard sur le corps et peut vous permettre, enfin, de construire votre propre définition d'un beau corps. Si vous voulez tenter l'expérience, voici quelques tips d'Adèle.

En shooting :

Ayez confiance en votre photographe, n'allez pas à un shooting sans avoir discuté avec le photographe, même en visioconférence.

Focalisez-vous sur ce que vous aimez chez vous. Si votre ventre vous complexe, choisissez un body plutôt qu'un ensemble deux-pièces.

Avoir une maquilleuse et une coiffeuse professionnelles vous mettra en condition.

Allez-y sans attente, dites-vous : « Je suis belle, je suis powerful, je suis la meilleure version de moi-même à ce moment-là, je mérite d'être sous les projecteurs ».

Si vous souhaitez prendre des photos boudoir vous-même :

Mettez une playlist que vous aimez (boudoir song ou sensual song).

Préparez des vidéos et des photos de ce que vous aimez pour référence.

Le mouvement est très important alors bougez, dansez, rentrez dans votre sensualité. Jouez avec un tabouret, une chaise, sur un lit, et voyez ce que vous aimez.

Si vous n'aimez pas une photo, supprimez-la, ne passez pas cinq minutes à analyser ce qui ne va pas. Cherchez plutôt à comprendre quel type de pose vous préférez.

Créez des courbes et des angles avec votre corps, c'est ça qui crée l'intérêt dans une photo. Les photos ne sont pas la réalité, mais ça permet de sublimer le corps des femmes.

YES SHE CAN

LETTRE D'AMOUR À SON CORPS

Vous connaissez peut-être l'exercice de développement personnel de la lettre d'amour à son corps ? Il consiste à une lettre à son corps pour s'excuser du mal qu'on a pensé de lui, mais aussi pour le remercier de tout ce qu'il nous permet de faire.

Je vous propose de tenter ce petit exercice qui fait du bien, mais avec un twist ! On commence par écrire cette lettre en utilisant le pronom « elle », comme si on parlait à sa meilleure amie, puis on change par « je ». Parce qu'on a toujours tendance à être plus bienveillante avec les autres qu'avec soi-même. Pourquoi ne pas utiliser un peu cette faculté à notre avantage ?

À vous !

....

....

....

....

....

....

....

Et si on redéfinissait le corps parfait et qu'on l'imaginait…

… avec un bras ou une jambe en moins, comme Marie-Amélie Le Fur, athlète handisport para-athlétique (notamment en sprint et longueur), amputée d'une jambe, multi-médaillée paralympique et mondiale. Elle a à cœur de sensibiliser à l'inclusion des personnes en situation de handicap à travers le sport et de donner de la visibilité au parasport.

… en fauteuil roulant, comme Souhad Ghazouani, elle aussi athlète handisport, para-haltérophile, multi-médaillée paralympique, mondiale et européenne, et qui possède un record à 150 kg. Atteinte d'un *spina bifida* depuis sa naissance – une malformation de la colonne vertébrale –, elle a commencé le parasport à 6 ans !

… avec des taches, comme c'est le cas de Julie, du compte Instagram « La fille qui a des taches ». Julie présente des angiomes, des taches pigmentées sur 70 % de son corps, qui lui ont valu d'être harcelée durant sa scolarité. Dans une vidéo qu'elle a réalisée pour *AuFeminin*[16], elle raconte qu'il ne se passe pas une journée sans qu'on la regarde de travers et que, par exemple, elle a arrêté de prendre le métro parce que cela arrivait régulièrement qu'on la prenne en photo à son insu. Désormais, elle est fière de pouvoir dire qu'elle assume ses angiomes et, surtout, qu'elle les aime.

… ou encore avec des cicatrices comme Julie Bourges du compte Instagram « Douze Février », grande brûlée à la suite d'un accident. Dans une vidéo réalisée avec Les Éclaireuses, intitulée « À toi qui me dévisages » et postée sur Instagram, elle raconte qu'elle s'est « sentie monstre, jugée en permanence » à cause du regard des autres. Et si pendant longtemps, Julie a été tentée de cacher ses cicatrices en portant des manches longues et des cols roulés, désormais, elle n'en a plus envie et elle est fière d'oser porter des tenues qui lui plaisent.

Alors, et si on imaginait le corps parfait sans le prisme validiste, raciste, patriarcal ? Tous ces points de vue qui n'en forment qu'un et ne prennent pas en compte les différences ? Et si on redéfinissait le corps parfait pour l'accepter enfin tel qu'il est, c'est-à-dire parfaitement imparfait, pluriel ? Vivant, en somme !

MOOD BOARD

La vidéo YouTube à regarder

« Flux libre instinctif : comment faire, comment ça marche, la méthode *free bleeding* », de Melissa Carlier – Cyclo intima (2019).

L'article à lire

« Le flux instinctif libre, mon expérience et mes astuces », Natasha du blog Échos verts, 25 janvier 2017.

Les livres à lire

- ***Sang tabou* de Camille Emmanuelle (La Musardine, 2017), qui interroge le tabou autour des règles.**
- ***Je vais m'arranger* de Marina Carlos (2020) qui dénonce le validisme et le combat.**
- ***Mister T & moi* d'Elisa Rojas (Hachette fictions, coll. « La Belle Étoile », 2020), sur le handicap.**

MANI-FE(s)TE

On l'a vu tout au long de ce livre, le corps féminin est soumis à de nombreux diktats. Pour se libérer de cette (op)pression, les femmes peuvent se réapproprier leur corps, et cette réappropriation passera par la déconstruction des injonctions, l'acceptation des différences, mais surtout par le fait d'instaurer de nouvelles normes de beauté diverses et plurielles. Évidemment, tout ça ne peut pas se faire en un jour. Alors, en attendant, j'aimerais, si c'est le bonheur que vous recherchez, que vous fassiez un pas de côté, que vous preniez un peu de recul et que vous essayiez de ne plus faire reposer cette quête sur vos complexes. J'aimerais que vous passiez un pacte avec vous-même et que vous vous attardiez un peu plus sur la notion de plaisir et que vous essayiez de changer votre façon de voir les choses.

Et je m'inclus évidemment dans ce «vous». Je vais donc passer, moi aussi, un pacte avec moi-même. Voici le mien, à vous de concevoir le vôtre ensuite !

❒ J'apprends à accepter mon corps (pas tous les jours, mais de temps en temps).

J'essaie de le regarder autrement, avec plus de bienveillance, comme si c'était le corps de ma meilleure amie. Je sais, ça paraît un peu gnangnan. Mais comme on est la personne avec qui on passe le plus de temps, autant éviter de se mettre des coups dans la gueule en permanence.

❒ J'arrête de croire que le bonheur dépend de mon corps.

Je ne me dis plus que je serai heureuse quand je n'aurai plus d'acné ou que mon corps ressemblera à ce à quoi j'aspire. Parce que je ne me résume pas à mon corps, je ne suis pas un objet de déco.

❒ Je me fixe des objectifs positifs, qui me font du bien.

Je me concentre sur ce que mon corps me permet de faire, sur le bien qu'il me procure, par ses performances, aussi insignifiantes puissent-elles paraître : aller d'un point A à un point B, croquer dans un mikado, faire un câlin à une pote ou à un chat…

❒ J'arrête de me battre contre mon corps en permanence.

C'est épuisant, ça n'a pas fonctionné jusqu'à présent, autant changer de tactique. « La folie, c'est de faire toujours la même chose et de s'attendre à un résultat différent », c'est Albert Einstein qui le dit, on peut lui faire confiance. Alors je fous la paix à mon corps, je me fous la paix, je fais la paix tout court ! L'émancipation, c'est bien. Ça mène à la liberté, un concept pas désagréable.

PACTE AVEC VOTRE CORPS

❒ Je prends le temps de (re)construire une relation saine avec mon corps.

Comme dans toute relation, il y a des hauts et des bas, parfois on s'aime plus que tout, par moments on se déteste. Le plus important, c'est de construire cette relation sans pression, à son rythme, pour ÊTRE bien, pas pour FAIRE bien.

À vous !

....

....

....

....

....

....

....

....

NOTES

Page 28

* D'après Marine, les poils font partie des plus gros complexes de ses clientes, avec le ventre et les seins. Elle les voit sans cesse tenter de cacher ces derniers pendant les massages, «elles sont désolées, c'est un peu gros, ça dépasse sur les côtés». Elles stressent alors même qu'elles sont venues pour se détendre!

Page 40

* C'est son amie, Liz Wallace, qui est à l'origine de la création de ce test. Il lui aurait été inspiré, selon Bechdel, par l'essai *Une chambre à soi* de Virginia Woolf. Elle y peine en effet à trouver des livres décrivant une amitié féminine, et ne présentant pas les femmes comme seulement intéressées par les affaires domestiques.

Page 59

* Pour les plus jeunes d'entre nous, l'affaire du Mediator (benfluorex), sanitaire et judiciaire, concerne les personnes victimes de la prise de ce médicament contre le diabète de type 2 avec un usage détourné et qui leur a été prescrit pour perdre du poids. Ce médicament est accusé d'avoir causé la mort de 1 500 à 2 100 personnes entre 1976 et 2009, sans prendre en compte celles qui souffrent des séquelles des effets secondaires.

Page 75

* «En épidémiologie, la prévalence désigne l'état de santé d'une population à un moment donné. La prévalence d'une maladie particulière représente ainsi le nombre de personnes atteintes par cette maladie à un instant donné.» (futura-sciences.com)

Page 82

* Petite note chiffre: les tailles de vêtements varient en fonction des marques, et même d'un vêtement à un autre chez une même marque. Ça peut nous donner une idée, mais même ce chiffre-là, il est relatif.

Page 120

* Chute de cheveux plus importante que la normale. Elle peut être due à une maladie de peau qui fait tomber les cheveux jusqu'à créer de la calvitie. À noter qu'il existe notamment une alopécie de traction, concernant surtout les cheveux crépus à la racine moins profonde, dans laquelle la chute de cheveux est due aux tressages et aux démêlages intensifs.

Page 122

* La radicalité n'est pas nécessairement mauvaise. Elle a une connotation très péjorative dans notre langage, mais un geste radical veut surtout dire «qui vise à agir sur la cause profonde de ce que l'on veut modifier», selon Le Robert.

Page 131

* Toujours en gardant en tête que si l'odeur est très forte, il peut s'agir d'une infection et qu'il est très important de consulter un·e professionnel·le de santé dans ce cas-là. C'est pour cette raison qu'il est primordial de connaître son corps et son vagin pour savoir lorsque quelque chose ne va pas.

Page 133

* Toutes les femmes n'ont pas leurs règles (ménopause ou maladie), et les hommes trans et personnes non binaires peuvent être menstrué·e·s.

NOTES BIBLIOGRAPHIQUES

Chapitre 1 - Diktats à tout-va, des complexes en veux-tu en voilà

1. Salome Marcade, « 2 femmes sur 3 confient être complexées par leur corps », yougov.com, 9 juillet 2020.

2. « Questions de femmes : comment vaincre ses complexes physiques ? », rfi.fr (priorité santé), 20 mai 2022.

3. Sondage Ifop pour *Femme Actuelle* réalisé du 24 au 27 mai 2013, sur un échantillon de 1 005 femmes.

4. Étude OpinionWay pour LALALAB menée entre le 29 janvier et le 9 février 2021 auprès d'échantillons représentatifs de femmes âgées de 18 ans et plus en France (1 004 personnes), en Italie (1 001 répondantes) et en Allemagne (1 014 sondées).

5. Katy Young, « Sweating, Our Most Embarrassing Body Issues », Telegraph.co.uk, 4 juin 2014.

6. Publié le 19 juillet 2022.

7. Éditions Denoël, 2007.

8. « Comment un complexe peut-il gêner la relation amoureuse ou sexuelle ? », rfi.fr (le conseil santé), 6 janvier 2022.

9. « The Largest Global Study to Understand, Measure and Increase », womensconfidence.report

10. Nastasia Hadjadji, « Femmes et marques : "nous sommes face à une génération qui a un radar à bullshit surdimensionné" », ladn.eu, 13 décembre 2018.

11. Bernadette Arnaud, « 1000 ans de pieds bandés en Chine, dévoilés par le cimetière aux "Lotus d'or" », sciencesetavenir.fr, 17 mars 2021.

12. Tami S. Rowen, Thomas W. Gaither, Mohannad A. Awad, *et al.*, « Pubic Hair Grooming Prevalence and Motivation Among Women in the United States », *JAMA Dermatology* 152(10), octobre 2016.

13. Voir par exemple : Lavinia Rotili, « Lisa LaFlamme a-t-elle été virée à cause de ses cheveux gris ? Les marques de soutien se multiplient dans le monde », rtbf.be, 4 septembre 2022.

Chapitre 2 - Femmes hypersexualisées, femmes bien domptées

1. Pierrette Bouchard, Natasha Bouchard et Isabelle Boily, *La Sexualisation précoce des filles*, éditions Sisyphe, 2005.

2. Richard Poulain, « L'hypersexualisation et le brouillage des rôles sociaux », lapresse.ca, 29 décembre 2021.

3. Tanith Carey, « Disney's Beauty and the Beast Promotes Domestic Abuse and Aladdin Is Damaging for Those With Darker Skin Experts Claim », thesun.co.uk, 31 octobre 2019.

4. *Ibid.*

5. *Ibid.*

6. https://bechdeltest.com/index.pl/statistics/

7. Ravishly, « Films That Totally Fail The Sexy Lamp Test », huffpost.com, 9 juillet 2016.

8. « Le regard masculin ou male gaze : c'est quoi ? », celles-qui-osent.com, 23 février 2022.

9. Propos recueillis par Caroline Veunac, « Iris Brey, pour un regard féminin au cinéma », centrepompidou.fr, 18 février 2021.

10. Communiqué de presse de l'OMS, « L'âgisme, un enjeu mondial », 18 mars 2021.

11. Nahmiash D., citée par Bizzini L. et Rapin C.-H., « L'âgisme. Une forme de discrimination qui porte préjudice aux personnes âgées et prépare le terrain de la négligence et de la violence », *Gérontologie et société* n°123, Fondation Nationale de Gérontologie, avril 2007.

12. *Ibid.*

13. Communiqué de presse de l'OMS, *op. cit.*

14. Actrices, acteurs de France associés (AAFA), « Tunnel de la comédienne de 50 ans sur les films français de 2021 », 50-50-magazine.fr, 16 novembre 2022.

15. Éditions La Découverte, 2018.

16. « Feminist Disability Studies », *NWSA Journal* 14(3), automne 2002.

17. Cynthia Lahoma, « Avant/après : Jennifer Lopez de ses débuts à aujourd'hui, elle n'a pas changé », elle.fr

18. Gala Avanzi, *No bra, ce que ma poitrine dit de moi*, Flammarion, 2021.

19. « Réseaux sociaux en France en 2024 : usages, chiffres clés et tendances », awitec.fr, 10 janvier 2024.

Chapitre 3 - Halte au body shaming !

1. Camille Cognard et Guillemette Petit, « 30 % des Français ont déjà été victimes de "Body Shaming" », yougov.com, 26 juillet 2019.

2. « En finir avec l'impunité des violences faites aux femmes en ligne : une urgence pour les victimes », haut-conseil-egalite.gouv.fr, 16 novembre 2017.

3. Maryline Hamon, « Le body shaming chez les ados et ses impacts sur leur santé mentale », vousparmacif.macif.fr, 3 août 2021.

4. Heidi Vandebosch et Katrien Van Cleemput, « Cyberbullying Among Youngsters: Profiles of Bullies and Victims », *New Media & Society* 11(8), janvier 2009.

5. Viviane Le Guen, « Cyberharcèlement : 20 % des jeunes ont déjà été confrontés au phénomène », francebleu.fr, 6 octobre 2021.

6. « 31 % des parents déclarent que leur(s) enfant(s) a(ont) été, au moins une fois, victime(s) de cyberviolence », ipsos.com/fr, 9 février 2022.

7. https://www.youtube.com/watch?v=Csxszvx3oX8

8. Florence Trédez, « L'arme secrète d'Olivia Wilde », cosmopolitan.fr

9. D'après le site du Service public : https://www.service-public.fr

10. Coralie Vallée, « Cyber-harcèlement lié au physique : un traumatisme difficile à dépasser », doctissimo.fr, 2 mai 2018.

Chapitre 4 - De la dietculture à la grossophobie, il n'y a qu'un pas

1. Arnaud Cocaul, « L'échec des régimes », futura-sciences.com, 3 mai 2018.

2. *Ibid.*

3. « Voici 4 secrets pour vivre centenaire, selon le régime des zones bleues », tvanouvelles.ca, 29 janvier 2023.

4. Dan Buettner, « Blue Zones Diet: Food Secrets of the World's Longest-Lived People », bluezones.com

5. Docteurs Gérard Apfeldorfer et Jean-Philippe Zermati, *Dictature des régimes. Attention !*, Odile Jacob, 2006.

6. « Les troubles du comportement alimentaire », ifac-addictions.chu-nantes.fr

7. Marie Galmiche, Pierre Déchelotte, Grégory Lambert, *et al.*, « Prevalence of Eating Disorders Over the 2000-2018 Period: A Systematic Literature Review », *The American Journal of Clinical Nutrition* 109(5), mai 2019.

8. Dossier « L'anorexie mentale en chiffres : épidémiologie », futura-sciences.com

9. « Boulimie et hyperphagie boulimique : repérage et éléments généraux de prise en charge », has-sante.fr

10. *Outrageous Acts and Everyday Rebellion*, éditions Picador, 1983.

11. Denis Campbell, « Obese patients "being weight-shamed by doctors and nurses" », theguardian.com, 10 août 2002.

12. Isabelle Senand (dir.), « Les marchés de la minceur à l'horizon 2016. Vers un écosystème numérique et interconnecté », Xerfi-Precepta, 31 mars 2014.

13. « Prise de poids pendant la grossesse, stop aux injonctions », 25 septembre 2020.

14. « Enceinte, le mannequin "au ventre plat" fait polémique aux États-Unis », ladepeche.fr, 21 avril 2015.

15. « Body Positivity vs. Body Neutrality: How These Social Movements Are Changing The Lens Through Which People View Their Bodies », inbodyusa.com, 28 septembre 2022.

Chapitre 5 - Miroir, mon beau miroir

1. « Paris : 20 % des femmes d'origine africaine se dépigmentent la peau avec des crèmes très nocives », 20minutes.fr, 20 février 2018.

2. Pavithra Rao, « Blanchiment de la peau : un lourd tribut », un.org (Nations unies – Afrique renouveau), 9 avril 2019.

3. « L'Afrique, toujours accro aux produits pour se blanchir la peau », lepoint.fr, 9 août 2018.

4. Virginie Langerock et Andreia Portinha Saraiva, « Chirurgie ou médecine esthétique, leur popularité augmente auprès des jeunes », rts.ch, 24 mai 2022.

5. Oscar Perrin, « Les réseaux sociaux créent-ils une dépendance et quels en sont les effets notamment chez les jeunes ? », digitalmediaknowledge.com (master management des télécoms et des médias), 1er mai 2022.

6. Hugues Garnier, « Chirurgie esthétique : la liposuccion devient l'opération la plus populaire dans le monde », bfmtv.com, 10 janvier 2023.

7. Elsa Mari, « La chirurgie esthétique explose chez les jeunes Français », leparisien.fr, 1er février 2019.

8. Si le sujet vous intéresse, n'hésitez pas à regarder l'émission Envoyé spécial consacrée aux « ravages des injections clandestines ».

9. https://twitter.com/lounorthcote/status/921300726713929728

10. « Prévision de la valeur du marché mondial des produits de maquillage de 2019 à 2025 », fr.statista.com, 2023.

11. Jack Guy, « Black Women With Natural Hairstyles Are Less Likely to Get Job Interviews », cnn.com, 12 août 2020.

12. *The Hair Tales*, épisode 1, 2022 (Disney+).

13. Anna Cabana, « Marlène Schiappa : "Brigitte Macron me demande des conseils" », lejdd.fr, 25 octobre 2017.

14. Gaëlle Lacaze, « La vie du poil. La construction du genre au cours du cycle de vie idéal des Mongols », *Cahiers d'anthropologie sociale* n° 6, janvier 2010.

Chapitre 6 - Mon corps parfaitement imparfait

1. Si l'histoire de la cellulite vous branche, je vous recommande l'article où j'ai trouvé l'info, accessible sur cairn.info: Rossella Ghigi, «Le corps féminin entre science et culpabilisation. Autour d'une histoire de la cellulite», Travail, genre et sociétés n° 12, 2004.

2. https://www.msdmanuals.com/fr/accueil/troubles-cutan%C3%A9s/infections-bact%C3%A9riennes-de-la-peau/cellulite

3. Catherine Handfiled, «Normales ou pas, les odeurs intimes?», lapresse.ca, 20 juin 2017.

4. «Douching», womenshealth.gov, 29 décembre 2022.

5. Elsa Mari, «Le boom du "lifting de l'intime"», leparisien.fr, 1er juin 2018.

6. «Syndrome du choc toxique lié aux règles», chu-lyon.fr, 19 septembre 2023.

7. À ce sujet, voir notamment le site fluxlibreinstinctif.com

8. Anne-Aël Durand et Gary Dagorn, «Combien les règles coûtent-elles dans la vie d'une femme?», *Le Monde*, 2 juillet 2019.

9. «L'Écosse montre la voie en offrant un accès gratuit aux protections périodiques», courrierinternational.com, 16 août 2022.

10. D'après les recherches d'Amber Probyn et de Hazel McShane, «The Peequal: Will The New Women's Urinal Spell the End of Queues for the Ladies», theguardian.com, 7 juin 2021.

11. Thomas Messias, «Pourquoi les femmes continuent à attendre plus longtemps pour aller aux toilettes», slate.fr, 27 janvier 2019.

12. Emily Gibson, «The War on Pubic Hair Must End», kevinmd.com, 29 avril 2011.

13. «Mieux encadrer l'épilation à la lumière pulsée pour protéger les consommateurs», anses.fr, 9 septembre 2021.

14. Marabout, 2018.

15. Rosemarie Garland-Thomson, «Integrating Disability, Transforming Feminist Theory», *NWSA Journal* 14(3), 2002.

16. Élodie Legall, «Décomplexée: Julie, "La Fille qui a des taches"», aufeminin.com, 18 août 2021.

Remerciements

Merci à toutes les personnes qui ont accepté de répondre à mes questions et de témoigner dans ce livre pour le rendre, à notre image, encore plus beau !

Direction : Didier Férat
Direction éditoriale : Lama Younès-Corm
Édition : Gwladys Greusard
Révision de texte : Céline Derouet
Maquette intérieur et couverture : Cyril Cabry
Mise en pages intérieure et correction : Littopia
Fabrication : Laurence Duboscq

Illustrations par La Renarde Bouclée

ISBN : 978-2-263-18243-3
Code éditeur : L18243
Dépôt légal : avril 2024

Imprimé en France par Laballery
Allée Louis Blériot - 58500 Clamecy - N° 401614

Solar, un département d'Edi8
92, avenue de France
75013 Paris